AI와 맥주

인공지능총서

인공지능 시대입니다. 기계가 인간의 인지를 대신하고, 사물이 인간을 통하지 않고 다른 사물과 직접 커뮤니케이션합니다. 이에 따른 인간 삶과 문명 변화를 정확히 이해 · 예측 · 대응하는 것은 이 시대 우리 모두의 과제입니다. 인공지능총서는 인공지능 기술과 환경의 여러 주제를 10가지 키워드로 정리합니다. 관련 개념과 이론, 학계와 산업계의 쟁점, 우리 일상의 변화를 다룹니다. 인간과 기술의 현재, 미래를 세심히 분석합니다.

일러두기

- 인명, 작품명, 저서명, 개념어 등은 한글과 함께 괄호 안에 해당 국가의 원어를 병기했습니다.
- 외래어 표기는 현행 어문규정의 외래어표기법을 따랐습니다.

처음이세요?

전문가세요?

AI와 맥주

우지환

대한민국, 서울, 커뮤니케이션북스, 2025

AI와 맥주

지은이 우지환
펴낸이 박영률

초판 1쇄 펴낸날 2025년 6월 16일

커뮤니케이션북스(주)
출판 등록 2007년 8월 17일 제313-2007-000166호
02880 서울시 성북구 성북로 5-11
전화(02) 7474 001, 팩스(02) 736 5047
commbooks@commbooks.com
www.commbooks.com

ISBN 979-11-430-0444-4 03500

책값은 뒤표지에 표시되어 있습니다.

차례

비어테크의 등장: 맥주 산업의 디지털 혁명

전통과 기술의 만남

맥주는 인류가 가장 오래 즐겨온 음료 중 하나다. 고대 메소포타미아 문명에서 시작된 맥주 양조는 수천 년의 역사를 거쳐 현대에 이르기까지 수많은 문화와 기술의 영향을 받아 발전해 왔다. 산업혁명과 함께 맥주 생산은 대량 생산 체제로 전환되었으며, 현대의 맥주 산업은 세계적인 거대 시장으로 성장했다. 그러나 이처럼 오랜 역사를 가진 맥주 산업도 이제 디지털 기술의 도전에 직면하고 있다.

특히 AI(Artificial Intelligence, 인공지능)의 등장은 맥주 산업에 새로운 가능성을 제시하고 있다. AI는 양조장 내부의 생산 공정을 최적화하고, 소비자의 취향을 분석해 맞춤형 제품을 제안하며, 유통과 물류, 마케팅, 판매에 이르기까지 전 과정에 영향을 미치고 있다. 이와 같은 변화는 단순한 기술 도입을 넘어 맥주 산업 전체의 구조와 문화를 재편하고 있다. 이러한 혁신을 상징하는 개념이 바로 '비어테크(BeerTech)'다.

이러한 변화는 이미 세계 각국에서 현실로 나타나고 있다. 일본의 기린(Kirin)은 AI를 활용해 소비자 피드백을 기반으로 한 레시피 개발 프로젝트를 시작했다. AI는 수천 건의 소비자 리뷰를 분석하고, 텍스트 마이닝(Text mining) 기법으로 쓴맛, 탄산, 향미에 대한 선호 패턴을 추출했다. 이 데이터를 바탕으로 양조 팀은 새로운 홉의 조합을 시도했고, 기존 제품보다 소비자 만족도가 17% 증가한 신제품을 출시하는 데 성공했다(양승갑, 2023).

독일의 비트버거(Bitburger)는 발효 공정의 효율성과 일관성을 높이기 위해 AI를 도입했다. 머신러닝 알고리즘이 발효 탱크 내 온도, 압력, 알코올 농도 데이터를 실시간 분석해 최적 조건을 유지하도록 제어하고 있으며, 이로 인해 생산 중 손실률이 8% 감소했다. 특히 이 프로젝트는 현장 기술자와 데이터 과학자 간 협업의 모범사례로 평가받고 있다. 데이터를 해석하는 과정에서 기술자의 직관과 경험이 결합되었고, AI가 이를 보완해 양조 효율성을 극대화했다(Brauwelt International, 2023).

미국 크래프트 맥주 시장에서도 비어테크는 빠르게 확산되고 있다. 콜로라도에 위치한 브루웍스(Brewworks)는 자사의 소형 양조장에 AI 기반의 공정 제어 시스템을 도입했다. 이 시스템은 수분 함량, 당도, 발효 온도 등을 실시간으로 모니터링하며, 미세한 편차도 자동으로 조정한다. 이를 통해 수작업으로 조정하던 단계가 자동화되었고, 품질 편차가 30% 이상 줄었다.

또한 미국 샌디에이고의 웨스트코스트브루잉(West Coast Brewing)은 자사 AI 플랫폼으로 현지 소비자 리뷰와 SNS 데이터를 분석해 트렌드 예측 모델을 만들고 있다. 이 모델은 계절별, 지역별 선호도를 반영해 '봄 시즌 라거', '겨울 홉 스타우트' 등 신제품 기획에 반영하고 있다. 실제로 이 예측 모델을 도입한 이후 신제품의 초도 물량 소진 속도가 40% 이상 빨라졌다고 한다.

중국의 칭다오맥주(Tsingtao Beer)는 AI 기술을 품질 검사 공정에 도입했다. 기존에는 인간 검수자가 색, 향, 거품의 지속성 등을 기준으로 품질을 평가했으나, 이제는 고속 카메라와 AI 이미지 인식 기술로 이 과정이 자동화되고 있다. AI는 수천 개의 영상 데이터를 바탕으로 이상 징후를 실시간으로 식별하며, 품질 문제 발생 가능성을 사전에 경고한다. 이로 인해 품질 불량률이 연간 기준 15% 감소했다(Centric Software, 2024).

브라질의 보헤미아 브루어리(Bohemia Brewery)는 기후 변화에 대응하기 위한 비어테크 실험을 진행 중이다. 이들은 기후 변화로 인한 원재료 수급 불안정을 해결하기 위해 AI 기반 작황 예측 시스템을 개발했다. 이 시스템은 위성 이미지와 기상 데이터를 결합해 홉 농장의 수확량을 예측하고, 이에 따라 사전 계약 및 유통 전략을 조정하고 있다.

비어테크란 무엇인가

비어테크(BeerTech)는 "Beer"와 "Technology"의 합성어로, AI를 비롯한 첨단 디지털 기술이 맥주 산업에 융합되어 일어나는 일련의 혁신을 일컫는다. 이 용어는 단지 새로운 기술의 사용을 의미하는 것이 아니라, 맥주를 기획하고 제조하며 유통하고 소비하는 전 과정이 기술에 의해 어떻게 변화하는지 설명하는 산업적, 문화적 개념이다.

비어테크의 개념은 단순한 기술 도입을 넘어선다. 전통 양조 기술과 디지털 기술의 융합은 맥주의 생산, 품질, 유통, 소비자 경험을 통합적으로 재구성하고 있으며, 이는 맥주를 하나의 '디지털 경험 상품'으로 재정의하게 만든다. 이는 과거 대량생산 중심의 산업 구조를 무너뜨리고, 데이터 중심의 맞춤형 서비스 제공이라는 새로운 패러다임으로 전환하고 있다.

이러한 변화를 이끄는 대표적인 사례 중 하나는 영국

의 스타트업 인텔리전트X(IntelligentX)다. 이 회사는 AI 브루잉 알고리즘으로 소비자 피드백을 분석하고, 실시간으로 레시피를 개선한다. 고객은 맥주를 마신 뒤 전용 앱으로 맛, 향, 목 넘김 등에 대한 평가를 남기고, 이 데이터는 AI가 학습해 다음 배치에 반영된다. 이 방식은 인간 브루마스터의 감각과 AI의 데이터 분석 능력이 결합된 새로운 양조 모델을 제시하고 있다. 인텔리전트X는 '진화하는 맥주'라는 브랜드 철학으로 소비자와의 지속적인 피드백 사이클을 유지하며, 브랜드 충성도를 높이는 데 성공했다.

덴마크의 칼스버그(Carlsberg)는 '맥주 지문 분석 프로젝트(The Beer Fingerprinting Project)'를 통해 AI와 센서 기술을 접목한 정밀 양조 시스템을 개발하고 있다. 전자코(E-nose)와 전자혀(E-tongue) 기술을 기반으로, 맥주의 화학 성분을 분자 수준에서 정량화해 품질 예측과 레시피 개선에 활용하고 있다. 이 프로젝트의 도입 이후 칼스버그는 품질 편차를 20% 이상 줄이는 데 성공했으며, 신제품 개발 시간도 평균 30% 단축했다(투이컨설팅, 2019).

비어테크의 범위는 생산과 품질관리를 넘어 소비자 경험까지 확장된다. 미국의 크래프트 맥주 브랜드 버지

니아브루잉컴퍼니(Virginia Brewing Company)는 자사 POS(Point of Sale) 시스템에 AI를 접목해 고객 구매 데이터를 분석하고, 해당 고객이 다음에 선호할 가능성이 높은 맥주를 자동 추천하는 시스템을 도입했다. 이를 통해 개인화한 제안이 가능해졌으며, 반복 구매율이 22% 증가하는 성과를 기록했다.

호주의 마이브루봇(MyBrewBot)은 홈브루잉 환경에서도 AI 기술을 적용한 사례다. 이 회사는 소형 양조 장비에 센서와 AI를 접목해, 가정에서도 발효 온도, 수분 함량, 탄산 수치 등을 실시간으로 조절하는 솔루션을 제공한다. 사용자는 앱으로 AI가 추천하는 레시피나 발효 설정을 원클릭으로 적용할 수 있으며, 이를 통해 고급 양조 기술이 대중화되는 계기를 마련했다.

B2B 영역에서도 비어테크는 두각을 나타내고 있다. 네덜란드의 유통 전문 기업 베브체인(BevChain)은 AI 기반 수요 예측 모델로 소매점 단위의 소비 패턴을 분석하고, 자동으로 최적화한 재고 및 유통 전략을 제시한다. 이 기술은 날씨, 지역 축제, 온라인 트렌드 등의 변수를 결합해 주간 단위 공급량을 조절하며, 낭비를 줄이고 유통 효율성을 높이는 데 기여하고 있다.

비어테크는 또한 맥주로 형성되는 사회적 경험도 변화

시키고 있다. 캐나다 몬트리올의 홉머신(Hop Machine)은 AI 기반 인터랙티브 추천 시스템으로 고객과의 대화형 상호작용을 강화하고 있다. 고객의 취향, 감정 상태, 음식 조합 등을 실시간으로 분석해 그 순간에 가장 적합한 맥주를 추천하며, 결과적으로 고객의 평균 체류 시간을 18분 이상 늘리는 효과를 보고 있다.

문화적 측면에서도 비어테크는 새로운 패러다임을 창출하고 있다. 미국 포틀랜드의 '디지털 브루어리' 프로젝트는 지역 예술가, AI 개발자, 브루마스터가 협업해 '예술로서의 맥주'라는 콘셉트를 실현하고 있다. 이들은 AI가 분석한 지역 주민들의 감성 데이터를 바탕으로 감정과 계절에 따라 변화하는 맥주를 양조하고 있으며, 제품 하나하나가 스토리텔링의 수단이 되고 있다.

궁극적으로 비어테크는 맥주 산업을 전통 식품 산업에서 창의적인 디지털 콘텐츠 산업으로 전환시키는 기반이 되고 있다. 창작의 주체는 인간에서 인간+AI로 확장되고 있으며, 소비자는 단순한 구매자가 아닌 데이터 제공자이자 공동 창조자로 기능하고 있다. 비어테크는 단순한 기술 흐름이 아니라, 맥주라는 문화가 살아 숨 쉬는 방식 자체를 바꾸는 전환점이라 할 수 있다.

AI는 맥주 산업을 어떻게 바꾸는가

AI는 맥주 산업의 거의 모든 영역에 영향을 미치고 있다. 가장 근본적인 변화는 양조 공정의 자동화와 고도화다. AI는 공정 데이터를 분석해 품질을 일정하게 유지하고, 이상 징후를 조기에 감지해 설비 고장을 예방한다. 일부 선진 양조장은 이미 AI로 발효 시간을 줄이고, 에너지 사용을 최적화하며, 폐기물 발생을 최소화하는 데 성공하고 있다.

예를 들어 캐나다의 몰슨쿠어스(Molson Coors)는 공장 설비에 AI 기반 예측 유지보수 시스템을 도입했다. 진동 센서와 온도 센서로 수집된 데이터를 AI가 실시간 분석하고, 부품의 마모 상태나 고장 가능성을 사전에 감지해 점검 시기를 조정한다. 이를 통해 연간 설비 고장으로 인한 생산 중단 시간이 30% 감소했다. 이 기술은 생산 효율성뿐 아니라, 전반적인 설비 수명 연장에도 기여하고 있다(PitchGrade, 2024).

독일의 파울라너(Paulaner)는 AI 기반 발효 관리 시스템을 도입해 전통 방식의 맥주 제조에 디지털 정밀성을 더했다. 발효 온도, 탱크 내 압력, 산소 농도 등 복잡한 변수들을 AI가 실시간으로 조정하고, 이 과정에서 인간 브루마스터의 직관이 반영된 피드백 시스템도 함께 작동하도록 설계되었다. 이 협업 구조는 AI가 도구 그 이상이 될 수 있음을 보여 준다.

유통 및 물류 분야에서도 AI의 활용은 점차 확대되고 있다. 네덜란드의 하이네켄(Heineken)은 공급망의 복잡성을 줄이기 위해 AI 기반 수요 예측 시스템을 도입했다. 이 시스템은 과거 판매 데이터뿐 아니라 날씨, 지역 행사, 스포츠 경기 일정 등을 반영해 도심 지역의 특정 소매점에서의 판매량을 예측하고, 자동으로 유통 계획을 조정한다. 그 결과 유통비가 12% 절감되었으며, 재고 소진율도 크게 낮아졌다. 미국의 수제 맥주 유통 스타트업 타보어(Tavour)는 자체 AI 알고리즘으로 신규 입점 브루어리의 수요를 예측하고, 지역별 소비 트렌드를 분석해 제품 큐레이션을 제공하고 있다.

AI는 또한 마케팅과 판매 전략에서도 핵심 도구가 되고 있다. 일본의 아사히(Asahi)는 소셜미디어 게시글과 온라인 리뷰를 분석해 특정 키워드가 언급되는 빈도와 감성을 분석하고, 그 결과에 따라 광고 문구나 프로모션 전략을 변경하고 있다. 미국의 스타트업 브루AI(BrewAI)는 크래프트 맥주 마케팅을 위한 AI 기반 콘텐츠 생성 플랫폼을 운영하며, 브랜드의 정체성과 소비자 성향을 결합한 광고 카피를 자동 생성하는 기능을 제공하고 있다.

독일의 맥주 브랜드 벡스(Beck's)와 이탈리아 브랜드 비라모레티(Birra Moretti)는 AI 기반 온라인 캠페인을 도입해 소비자와의 감정적 연결을 강화하고 있다. 벡스는 'Beck's Autonomous' 프로젝트를 통해 AI가 제품 레시피부터 디자인, 광고 문구까지 설계하도록 했고, 비라모레티는 소비자 피드백에서 감정 언어를 분석해 영상 콘텐츠와 스토리텔링 전략을 구성했다. 이처럼 AI를 활용한 캠페인은 브랜드 인지도와 소비자 반응률을 크게 끌어올리는 데 기여하고 있다(LBB, 2023; Shorty Awards, 2023).

소비자 맞춤형 경험 제공에서도 AI는 중요한 역할을 한다. 싱가포르의 탭앤브루(Tap & Brew) 바에서 고객이 앉은 자리에서 스마트폰 앱으로 간단한 질문에 답하면, AI가 실시간으로 취향을 분석해 해당 매장의 30여 종 맥주 중 하나를 추천해 준다. 추천 결과는 테이블의 스마트 패널로 제공되며, 이는 단순한 추천을 넘어 '개인 전용 맥주 소믈리에' 경험으로 이어진다.

또한 AI는 고객 불만 응대에도 활용된다. 브라질의 한 대형 유통 체인은 AI 챗봇으로 맥주에 대한 피드백과 불만 사항을 수집하며, 이를 통해 어떤 브랜드에서 문제가 자주 발생하는지, 어느 지역에서 품질 불만이 높은지를 분석해 공급 전략을 조정하고 있다. 이처럼 AI는 단순히 데이터를 처리하는 기술이 아니라, 브랜드 이미지와 신뢰 형성에도 기여한다.

기술이 진화하면서, 이제는 디지털 트윈(Digital Twin) 기술도 맥주 산업에 도입되고 있다. 영국의 브루어리 셰퍼드님(Shepherd Neame)는 실제 양조장의 운영 데이터를 기반으로 가상 양조장을 구성해 AI가 다양한 시뮬레이션을 수행할 수 있도록 했다. 이 가상환경에서 새로운 맥주 레시피를 실험하고, 설비 효율성을 테스트하며, 예상 소비자 반응을 미리 분석할 수 있다. 이는 R&D 비용을 획기적으로 절감하고, 신제품 출시 속도를 단축시키는 데 기여하고 있다.

결과적으로 AI는 맥주 산업을 생산 중심에서 데이터 기반의 예측 산업으로 탈바꿈시키고 있다. 설비 운영의 효율성, 유통 경로의 정밀화, 소비자 행동 분석, 브랜드 커뮤니케이션 전략까지, AI는 전 과정에서 능동적이고 지능적인 선택을 가능하게 한다. 맥주는 더 이상 단순한 발효 음료가 아니라, 데이터와 알고리즘이 결합된 문화 상품으로 재정의되고 있다.

산업 전체를 재편하는 기술 혁신

비어테크의 핵심은 단순히 AI 도입에 그치지 않는다. 중요한 것은 기술을 활용해 맥주 산업의 가치 사슬 전체를 재정의하고 있다는 점이다. 양조에서 소비까지 이어지는 모든 접점에서 AI가 작동하며, 기존의 생산자 중심, 대량 유통 중심의 산업 구조가 소비자 맞춤형, 소규모 분산 생산 중심의 구조로 바뀌고 있다. 이 변화는 단순히 효율성이나 품질의 문제가 아니라, 산업 구조의 중심축이 변화하고 있다는 사실을 의미한다.

예를 들어 독일의 미텔샨트(Mittelschant) 브루어리는 지역 커뮤니티 중심의 소규모 양조장이다. 이들은 자체 개발한 AI 플랫폼으로 지역 주민의 의견과 평가를 수집하고, 이를 바탕으로 계절별 한정 맥주를 기획한다. 이 과정은 대량 생산 시스템과는 전혀 다른 철학을 바탕으로 하며, AI는 인간 중심의 감성과 기술을 연결하는 도구로 기능하고 있다. 주민은 단순한 소비자가 아닌, 맥주 개발의 공동 창작자이며, 이는 지역사회 기반의 새로운 소비문화를 형성하고 있다.

핀란드 헬싱키의 루오카 브루어리(Ruoka Brewery)는 AI와 블록체인 기술을 결합해 투명한 원재료 공급망을 구현했다. 소비자는 앱으로 자신이 마시는 맥주에 어떤 홉이 사용되었고, 그 홉이 어느 농장에서 어떤 날 수확되었는지까지 추적할 수 있다. 이 시스템은 공급망의 신뢰를 높이는 동시에, 친환경적 소비를 중시하는 MZ세대에게 강력한 공감을 얻고 있다.

또한 비어테크는 전통 식음료 산업을 넘어 IT와 바이오기술, 플랫폼 경제와도 접점을 만들고 있다. 맥주 스타트업 바이오브루(BioBrew)는 AI와 유전자 편집 기술을 접목해 새로운 효모를 개발하고 있으며, 이 효모는 기존보다 더 풍부한 향과 높은 발효 효율을 제공한다. 이처럼 기술이 융합된 양조 생태계는 더 이상 맥주만을 만드는 산업이 아니라, 데이터와 생물학, 소비자 심리까지 아우르는 총체적 시스템으로 진화하고 있다.

비어테크의 진화는 플랫폼 비즈니스의 출현으로도 이어지고 있다. 미국의 맥주 유통 플랫폼 크래프트IQ(CraftIQ)는 수백 개의 소규모 브루어리 데이터를 클라우드 기반으로 통합하고, AI 분석으로 각 양조장에 맞춤형 생산 전략과 유통 시뮬레이션을 제공한다. 이 플랫폼은 중소 양조장들이 대기업과 같은 데이터 기반 의사결정을 내릴 수 있도록 지원하며, 맥주 산업의 민주화를 실현하고 있다.

디지털 전환은 인적 자원 구조에도 큰 영향을 미치고 있다. 맥주 회사들은 이제 브루마스터 외에도 데이터 과학자, AI 엔지니어, 사용자 경험 디자이너 등을 핵심 인력으로 채용하고 있다. 비어테크의 구현을 위해서는 전통 양조 기술자뿐 아니라 디지털 기술자와의 긴밀한 협력이 필수다. 이러한 다학제적 협업은 맥주 산업을 단순 제조업에서 첨단 지식 산업으로 변모시키고 있다.

맥주 관광 산업도 비어테크로 새로운 국면을 맞이하고 있다. 일본의 삿포로(Sapporo)는 AI 기반 증강현실(AR) 앱을 도입해, 공장 투어에 참여한 방문객들이 AR을 통해 양조 과정을 실시간으로 시각화하고, 각 공정의 데이터를 직접 조작해보는 체험형 투어를 운영하고 있다. 이로 인해 관광 만족도가 30% 이상 증가했으며, SNS 공유를 통한 브랜드 확산 효과도 극대화되었다.

소비자와의 접점 역시 기술 중심으로 재구성되고 있다. AI는 전통 맥주 홍보와 판매 방식을 탈피해, 고객의 라이프 스타일과 맥주 소비 맥락을 실시간으로 분석하고, 그에 맞춘 커뮤니케이션 전략을 실행한다. 미국의 브루라이저(Brewlyzer)는 고객의 GPS 위치, 날씨, 운동량, 심지어 수면 패턴까지 연동해 언제 어떤 맥주를 추천할지를 제안하는 앱을 출시했다. 이처럼 맥주는 생활 속 데이터 흐름과 연결된 존재로 진화하고 있다.

결국 비어테크는 산업 전체를 기술 기반 생태계로 재편하고 있다. AI는 단순한 효율화 도구가 아닌, 새로운 산업 질서의 핵심 매개체로 작용하고 있다. 비어테크는 이제 맥주 산업의 한 트렌드가 아니라, 디지털 경제의 한 축으로 자리 잡았으며, 앞으로의 산업 변화에서 중심적인 역할을 지속적으로 수행할 것이다.

비어테크 시대의 기회와 과제

비어테크는 맥주 산업에 수많은 기회를 제공한다. 제조 효율성 향상, 품질 안정성 확보, 소비자 만족도 증가, 유통비 절감 등은 기술 도입의 대표적인 이점이다. 동시에 비어테크는 새로운 비즈니스 모델을 가능하게 하며, 기술 기반 창업의 가능성도 확대하고 있다. AI를 통한 소비자 행동 분석, 레시피 자동화, 유통 최적화는 단순히 기존의 운영 방식 개선을 넘어 완전히 새로운 시장을 창출하고 있다.

예를 들어 스페인의 신생 스타트업 홉봇(HopBot)은 전통 맥주 제조법에 AI 예측 알고리즘을 결합해, 계절별 수요 예측에 따라 맥주 스타일과 생산량을 동적으로 조정한다. 이를 통해 불필요한 재고를 줄이고, 신선한 상태의 맥주를 소비자에게 공급하는 체계를 마련했다. 이처럼 비어테크는 중소 양조장에도 높은 유연성과 기민한 시장 대응 능력을 부여한다.

또한 비어테크는 F&B(Food & Beverage) 산업 전반에 영향을 미치는 혁신 모델로 주목받고 있다. 맥주 산업의 변화는 커피, 와인, 차, 심지어 패스트푸드 체인에 이르기까지 다양한 분야에서 참고할 모델을 제공한다. 예컨대, AI를 기반으로 한 소비자 피드백 수집 및 제품 개선 사이클은 커피 블렌딩, 와인 추천, 밀키트 레시피 설계 등으로도 확대 적용될 수 있다. 따라서 이 책은 단지 맥주에 관한 이야기를 넘어서, F&B 산업 전체가 어떻게 디지털 기술과 융합될 수 있는지를 보여 주는 청사진이라 할 수 있다.

그러나 모든 혁신이 그렇듯 비어테크 또한 도전과제를 안고 있다. 첫째, 데이터의 정확성과 윤리적 사용이 중요하다. 소비자 데이터를 활용하는 과정에서 개인정보 보호와 투명성 확보는 기업의 신뢰도에 직결된다. 영국의 한 맥주 브랜드는 고객 데이터 활용 과정에서 동의 절차를 누락한 사실이 알려지며 큰 이미지 타격을 입었다. 이 사건은 기술 신뢰성뿐 아니라 기업 윤리와 법적 책임 측면에서 산업 전반에 경각심을 불러일으켰다.

둘째, 기술 도입의 격차는 산업 내 양극화를 초래할 수 있다. 자본과 기술을 보유한 대기업은 빠르게 AI를 활용할 수 있지만, 중소 양조장은 접근성과 비용 측면에서 어려움을 겪을 수 있다. 일부 스타트업은 오픈소스 기반 기술로 대응하고 있으나, 여전히 인프라 구축과 기술 인력 확보에서 큰 장벽을 느끼고 있다. 이에 따라 맥주 산업의 다양성과 지역성이 위협받을 수 있으며, 특정 기술 보유 기업의 시장 집중도는 장기적으로 산업의 건강한 생태계를 훼손할 가능성도 있다.

셋째, 전통과 기술의 균형도 고민해야 한다. AI가 만든 맥주가 인간의 감성과 손맛을 대체할 수 있는지에 대한 질문은 여전히 유효하다. 프랑스의 장인 양조장 라 파브르 드 비에르(La Fabrique de Bières)는 AI에 반대하며 오직 수작업으로 양조한 맥주만을 생산하고 있다. 이들은 전통과 감성을 중시하는 소비자층에게 강력한 지지를 받고 있으며, 비어테크 시대에 기술 저항 문화의 존재를 상기시켜 준다. 이러한 사례는 기술 중심 혁신이 전통을 배제하거나 무시해서는 안 된다는 점을 시사하며, 공존과 융합의 방향이 필요함을 보여준다.

넷째, 기술의 지속 가능성과 환경적 책임도 주요 과제로 떠오르고 있다. AI 기술이 에너지 집약적일 수 있다는 지적은 지속 가능한 F&B 산업을 지향하는 기업들에게 부담이 될 수 있다. 특히 클라우드 컴퓨팅과 대규모 데이터 센터 운영에 따른 탄소 배출 문제는, 친환경 가치를 강조하는 비어테크의 방향성과 충돌할 수 있다. 이에 따라 친환경 알고리즘 개발, 저전력 설계, 지역 기반 분산 처리 모델에 대한 고민이 병행되어야 한다.

그럼에도 불구하고 비어테크는 분명히 맥주 산업의 미래이며, 나아가 F&B 산업의 미래를 보여 주는 거울이다. AI 기술은 맥주의 본질을 훼손하기보다는, 오히려 새로운 가능성과 문화적 확장을 이끄는 촉매가 될 수 있다. 소비자와 생산자, 기술자와 장인, 대기업과 스타트업이 함께 만드는 비어테크 생태계는 다양한 관점과 기술이 결합될 때 더욱 풍부해질 것이다.

이 책은 비어테크가 어떻게 현실에서 구현되고 있으며, 그 기술이 맥주 산업에 어떤 변화를 가져오고 있는지를 구체적으로 설명하고자 한다. 그리고 나아가, 이 변화가 음식과 음료를 생산하고 유통하고 소비하는 모든 산업에서 어떻게 응용될 수 있는지를 함께 고민하고자 한다. 독자는 AI 기술의 실질적 적용사례를 이해함으로써 맥주 산업을 넘어 F&B 산업 전반에 대한 통찰을 얻게 될 것이며, 디지털 전환 시대의 핵심 동인을 실제 경험으로 체감할 수 있을 것이다.

참고문헌

양승갑(2023). AI가 만드는 삿포로 맥주, 커니가 제시하는 생성형 AI 활용법. 테크월드뉴스. https://www.epnc.co.kr/news/articleView.html?idxno=234165

이승준(2019.3.19). 세상에 이런 맛은 없었다. 이것은 맥주인가, 과학인가?. 투이컨설팅. https://www.2e.co.kr/news/articleView.html?idxno=205836

Brauwelt International(2023). Machine learning in breweries. Part 2: Straightforward introduction to AI. https://brauwelt.com/en/topics/management/645761-machine-learning-in-breweri-es-part-2-straightforward-introduction-to-ai

Centric Software(2024.4.8). Tsingtao Brewery selected Centric PLM to drive product innovation and streamline operations. https://www.centricsoftware.com/ko/press-releases/tsingtao-brewery-selected-centric-plm-product-innovation-streamline-operations/

PitchGrade(2024.4.30). Molson Coors Beverage Company AI use cases. https://pitchgrade.com/companies/molson-coors-beverage-company-ai-use-cases

01
AI와 맥주 제조의 혁신: 스마트 브루잉 시스템

스마트 브루잉 시스템은 AI와 센서를 활용해 양조 공정의 효율과 품질을 높이며, 브루마스터의 역할을 창의적 파트너로 재정의한다. 이는 맥주 산업을 데이터 기반 문화 산업으로 전환하는 핵심 기술이다.

AI와 1인 창업?

양조의 중심에 선 AI: 공정의 지능화

맥주 양조는 수세기 동안 감각과 전통의 예술이었다. 그러나 21세기에 접어들면서 양조의 세계에도 디지털 기술이 본격적으로 침투하고 있다. 특히 AI는 브루마스터의 직관적 판단을 보완하고, 과거에는 감에 의존하던 양조 공정을 데이터 중심으로 변모시키고 있다. 이로써 맥주 제조는 과학, 기술, 예술이 조화를 이루는 정밀한 산업으로 진화하고 있다.

현대의 스마트 브루잉 시스템은 단순한 자동화에서 한 걸음 더 나아가, 공정 전반을 실시간으로 감시하고, 누적된 데이터를 기반으로 미래 상황을 예측하고, 필요시 스스로 조정까지 수행하는 자율화한 시스템이다. 이러한 시스템은 특히 발효 단계에서 큰 역할을 한다. 발효는 미생물의 생명 활동에 기반하므로, 미세한 환경 변화에도 민감하게 반응하며 결과에 큰 영향을 미친다. AI는 수천 개 배치의 발효 데이터를 분석하고, 이를 통해 발효가 정상 범위를 벗어나는 지점을 사전에 감지해 브루마스터에게 경고하거나, 자동으로 발효 조건을 조정한다.

이러한 AI 기반 발효 제어는 대형 상업 양조장뿐 아니라, 소규모 브루어리에도 점차 확산되고 있다. 뉴질랜드의 마이크로 브루어리 라우디브루잉(Loudy Brewing)은 클라우드 기반 AI 시스템을 도입해 초기 발효 시점부터 효모 활성 곡선을 실시간으로 시각화하고 있다. 이 시스템은 온도 변화, 재료 배합, 효모 활동 간 상관관계를 분석해 브루마스터가 쉽게 해석하는 형태로 제공하며, 결과적으로 생산 배치 간 품질 차이를 줄이는 데 기여하고 있다.

대표 사례로는 미국의 앵커브루잉(Anchor Brewing)의 AI 도입이 있다. 이 양조장은 머신러닝 기반 발효 예측 알고리즘을 개발해, 발효 중 생성되는 CO_2 양, 탱크 내 압력, 발효 속도 등의 데이터를 실시간으로 분석한다. 시스템은 일정 기준을 초과하는 패턴이 감지되면 즉시 발효 조건을 조정하거나, 작업자에게 경고를 보낸다. 이로 인해 앵커브루잉은 배치 간 품질 일관성을 크게 향상하는 데 성공했다.

또 다른 사례로 독일의 크롬바허(Krombacher)는 고해상도 센서 네트워크로 매 분 단위로 양조조 내부의 온도, 알코올 농도, 당도 등을 수집하고, 이를 클라우드 기반 AI 시스템이 분석한다. AI는 과거 10년간의 발효 데이터를 학습하고 있어, 현재 공정이 이상 없는지 즉시 비교·판단할 수 있다. 일정 편차가 발생할 경우 AI는 브루마스터에게 알림을 전송하고, 설정에 따라 자동 보정을 실시한다.

특히 일본의 산토리(Suntory)는 AI를 활용한 발효 예측 기술을 발전시켜, 20% 이상의 발효 효율을 끌어올렸다. 이 시스템은 발효 속도를 실시간 추적하면서 최적 시점에서 효모 교체 시기를 안내한다. 이는 기존 방식보다 알코올 농도 편차를 절반 이하로 줄였으며, 1년에 수억 엔의 품질 손실 비용을 줄이는 성과로 이어졌다.

최근에는 AI가 양조 초반 단계인 맥아(malt) 가공과 당화(mashing) 과정에도 관여하기 시작했다. 당화 과정은 물과 맥아의 상호작용으로 효소가 작용해 당분을 분해하는데, AI는 이 반응 속도와 효율성을 조절하는 변수들(물 온도, pH, 시간 등)을 실시간으로 제어하며 최적화한 효소 반응 환경을 유지한다. 이를 통해 맥즙(wort)의 품질이 안정되고, 에너지 사용량도 감소하는 이점이 생긴다.

이처럼 AI는 단순히 후반 품질을 제어하는 기술에서 나아가, 이제는 재료 투입부터 최종 포장 전 단계까지 모든 공정의 중심에서 데이터를 활용해 브루마스터의 의사결정을 지원하고 있다.

스마트 유지·보수로 양조 효율화

스마트 브루잉 시스템에서 AI가 정확히 작동하려면 고품질의 입력 데이터가 필수다. 이러한 데이터는 스마트 센서에서 비롯된다. 오늘날의 양조장은 온도, pH, 점도, 당도, 알코올 농도, 탱크 압력, 흐름 속도, 효모 밀도 등을 측정하는 센서가 탱크와 관, 발효조, 저장조에 장착되어 있다. 이들 센서는 1초 단위로 데이터를 생성하고, 이를 IoT 네트워크로 AI 분석 플랫폼으로 전송한다.

스코틀랜드의 브루독(BrewDog)은 설비 진동 분석에 특화된 예측 유지보수 시스템을 운영하고 있다. 이 시스템은 베어링 마모, 펌프 압력 손실, 발효조 균열 등 생산 설비의 잠재적 결함을 조기에 파악해 유지보수 일정을 최적화한다. 실제로 이 기술 도입 이후 브루독은 연간 정비로 인한 다운타임을 평균 32% 줄였으며, 부품 재고비용도 18% 감소시켰다.

이와 유사하게 일본의 삿포로맥주는 수조 및 배관 시스템에 유량 센서와 마이크로 화학 센서를 장착해 위생 상태를 실시간으로 평가하고 있다. AI는 세정이 필요한 정확한 시점을 예측하며, 일정 수준 이상의 오염이 감지되면 자동으로 세정 절차를 시작한다. 이 시스템은 매년 수천 톤의 세척수를 절약하고, 화학세제 사용량도 줄이면서 ESG 경영 측면에서 긍정적 평가를 받고 있다.

덴마크 칼스버그의 '무손실 스마트 양조장(Zero Loss Brew House)' 프로젝트는 한 걸음 더 나아가, 예측 유지보수뿐만 아니라 전체 생산 설비의 디지털 트윈을 구축했다. 이 디지털 트윈은 실제 양조장과 동일한 조건에서 가상 시뮬레이션을 돌려, 공정 변화가 결과에 미치는 영향을 실험한다. 이를 통해 생산 중단 없이 레시피 개선, 공정 변경, 설비 최적화를 시험할 수 있었고, 신제품 테스트에 소요되는 시간을 45% 줄이는 데 성공했다.

최근에는 AI가 물류와 저장 관리에도 연결되고 있다. 미국의 미들웨스트브루어리(Middlewest Brewery)는 센서 네트워크와 AI를 결합해 냉장 보관 중인 맥주의 재고 회전율, 보관 온도 편차, 출하 주기 등을 분석하여 이상 징후 발생 시 자동 재고조정 명령을 발송한다. 이로써 맥주 신선도 유지와 재고 최적화라는 두 마리 토끼를 잡고 있다.

이러한 스마트 센서 기반 운영은 이제 양조장 외부까지 확장되어, 유통 및 판매 현장의 품질 유지까지 책임지는 시스템으로 진화하고 있다.

인간과 AI의 협업: 브루마스터의 역할 재정의

스마트 브루잉 시스템의 도입은 단순한 자동화 기술의 채택을 넘어, 인간과 기계 간의 새로운 협업 패러다임을 만든다. AI가 데이터 분석과 반복적인 판단을 맡는다면, 브루마스터는 인간만이 할 수 있는 직관적 해석, 창의적 결정, 고객과의 소통에 더욱 집중할 수 있다.

네덜란드의 하이네켄은 브루마스터 교육 과정에 데이터 과학 기초, AI 이해, 디지털 인터페이스 활용 과정을 포함시키고 있다. 이는 브루마스터가 AI 시스템의 분석 결과를 단순히 받아들이는 것이 아니라, 스스로 데이터 기반 의사결정을 내릴 수 있도록 하기 위함이다. 또한 하이네켄의 일부 양조장은 브루마스터가 AI에게 새로운 실험 조건을 제안하거나, 비정형 데이터를 AI에 학습시키는 주체로서 기능하기도 한다.

스웨덴의 오미펠(Ominpel) 양조장은 '공동 창작 모델'을 도입하고 있다. 이들은 지역 소비자들이 제출한 맛 선호도와 로컬 재료 데이터를 AI에게 입력하고, 브루마스터가 그 제안을 다듬어 레시피를 완성한다. 이 시스템은 '소셜 브루잉(Social brewing)'으로 불리며, 소비자 중심의 제품 기획이라는 관점에서 신선한 시도로 평가받는다. 도입 이후 해당 양조장의 고객 충성도는 25% 이상

상승했다.

또한 인간과 AI의 협업은 창의성과 예술성의 융합에도 새로운 길을 열고 있다. 일본의 스타트업 브루DNA(BrewDNA)는 AI가 음악, 날씨, 계절, 지역적 감성을 분석해 향후 소비자 정서에 어울리는 맥주 스타일을 제안하고, 브루마스터는 그 감정 코드를 바탕으로 맥주에 스토리를 입힌다. 이처럼 데이터와 감성이 만나는 지점에서 브루마스터의 새로운 정체성이 탄생하고 있다.

독일 뮌헨의 한 교육기관은 'AI 브루잉 디자인 랩'을 운영하고 있으며, 이곳에서 브루마스터, 디자이너, 데이터 과학자, 소비자 심리학자가 함께 팀을 구성해 신개념 맥주 제품을 기획한다. 이는 맥주를 단순한 발효 제품이 아닌, 사용자 경험 중심의 문화 상품으로 인식하게 만드는 전환점이 되고 있다.

스마트 브루잉 시스템은 기술 혁신을 넘어서 맥주 산업의 패러다임 전환을 이끄는 핵심 요소로 자리잡고 있다. AI는 수치를 계산하는 도구가 아니라, 인간의 지식과 창의성을 확장시키는 '디지털 브루잉 파트너'로 진화하고 있다. 특히 본 장에서 살펴본 바와 같이, 스마트 브루잉은 제조업에서 서비스업, 데이터 산업으로의 전환이라는 큰 흐름 속에서 그 가능성을 증명하고 있다.

이 장의 사례들은 맥주 산업에 국한되지 않고, 전통 식음료 제조 산업 전반에 시사하는 바가 크다. AI가 인간의 경험과 협력할 때 얼마나 생산성과 다양성을 확장시킬 수 있는지를 보여주는 중요한 참고 모델로서, 스마트 브루잉은 앞으로도 기술-인간-문화가 만나 새롭게 진화할 무대가 될 것이다.

참고문헌

Ess Team(2025.3.29). AI driven fermentation monitoring systems for adaptive brewing. EssFeed.
https://essfeed.com/ai-driven-fermentation-monitoring-systems-for-adaptive-brewing/

Springer Nature(2024.11.12). Applications of machine learning in the brewing process: *A systematic review*. Discover Artificial Intelligence.
https://link.springer.com/article/10.1007/s44163-024-00177-6

Suntory. Suntory Group AI Principle.
https://www.suntory.com/company/digital/base/ai_principle.html

02
AI와 맞춤형 맥주 레시피 개발

AI는 소비자 데이터를 분석해 개인 맞춤형 맥주 레시피를 설계하고, 새로운 향미와 스타일을 창조하며, 브루잉의 창의성과 효율성을 동시에 높인다. 이는 맥주 산업의 문화적 전환을 이끈다.

AI와 MBTI?

소비자의 입맛을 읽는 알고리즘

전통 맥주 양조 방식에서 브루마스터의 감각과 경험이 레시피 개발의 핵심이었다. 그러나 디지털 전환과 AI 기술의 발전은 레시피 개발 과정에 소비자의 취향을 정량적으로 반영하는 가능성을 열어주고 있다. AI는 방대한 소비자 데이터를 분석해 개인 또는 집단의 선호도를 파악하고, 이를 기반으로 최적의 재료 조합과 발효 방식을 제안한다.

소비자 취향 분석은 온라인 구매 이력, 테이스팅 노트, SNS 리뷰, 온도와 날씨, 음용 시간대, 음식 페어링 등 다양한 변수들을 통합해 다차원적으로 이루어진다. 예를 들어 여름철에는 홉의 쓴맛보다 시트러스한 향미가 강조된 페일 에일을 선호한다는 소비자 트렌드를 AI는 자동으로 학습하고, 이 데이터를 기반으로 계절별 맞춤형 레시피를 제안할 수 있다.

이러한 개인화 기술은 특히 젊은 소비자층에서 강력한 반응을 얻고 있다. MZ세대는 브랜드의 철학보다는 나만의 경험, 개인 맞춤형 상품에 가치를 둔다. 따라서 AI는 단순히 '대중적 맛'을 찾는 것이 아니라, 각 개인의 미묘한 취향의 차이를 반영해주는 '취향 파트너'로 기능한다. 소비자 A는 홉의 쓴맛과 자몽 향을 선호할 수 있지만, 소비자 B는 몰트의 고소한 풍미와 부드러운 목넘김을 더 중요하게 여긴다. AI는 이러한 선호 차이를 식별하고, 이를 바탕으로 각기 다른 레시피를 설계할 수 있다.

영국의 AI 맥주 스타트업 인텔리전트X는 이 기술을 실현한 대표 사례다. 이들은 소비자가 음용 후 전용 웹앱에 입력하는 피드백 데이터를 기계학습 알고리즘이 분석해, 다음 양조 배치의 레시피를 자동 조정하는 시스템을 구축했다. 예를 들어 "쓴맛이 너무 강하다"는 피드백이 많을 경우, 홉의 종류와 양을 줄이거나 발효 온도를 조정해 쓴맛을 억제하는 방향으로 AI가 레시피를 수정한다. 이러한 반복적 피드백-생산 사이클은 인간과 AI가 공동으로 맥주를 '진화'시키는 구조를 만든다.

이러한 시스템은 단순히 기존 맥주의 개량에 그치지 않는다. AI는 과거에는 존재하지 않았던 새로운 맥주 스타일을 창조하는 도구로도 사용되고 있다. 예컨대 인도의 한 AI 기반 양조 스타트업은 현지 향신료와 열대 과일의 향미 조합을 탐색해, 기존에 존재하지 않던 하이브리드 스타일의 에일(Ale)을 선보였다. 이 맥주는 출시 2개월 만에 해당 지역 크래프트 맥주 시장 점유율의 7%를 차지하며 AI 기반 제품 설계의 가능성을 입증했다.

미국 포틀랜드의 마이크로 브루어리인 홉로직

(HopLogic)은 로컬 이벤트 데이터를 활용해 맥주를 설계한다. 날씨, 지역 축제, 특정 밴드 공연과 같은 외부 요소들을 AI가 분석하고, 그 맥락에 맞는 맥주 스타일을 제안한다. 예컨대 재즈 페스티벌이 열리는 날에는 크리미한 포터(Porter)가, EDM 이벤트에는 청량한 IPL(India Pale Lager)이 선택된다. 이는 소비자가 맥주를 단지 '맛'으로 소비하는 것이 아닌, '경험'으로 소비하게 만든다.

또한 AI는 비알코올 맥주 개발에도 적용되고 있다. 기존에는 맛의 완성도 측면에서 한계가 많았지만, AI는 홉 오일의 분리 조건, 효모의 방향성 발효 특성 등을 정밀 제어함으로써 알코올이 없는 맥주에서도 풍미의 깊이를 확보할 수 있게 한다. 독일의 프라이슈틸(Freistil)은 이러한 AI 기반 기술로 비알코올 맥주 품질 경쟁에서 두각을 나타내고 있다.

인텔리전트X와 데이터 기반 브루잉의 진화

인텔리전트X(IntelligentX)는 AI 맥주 산업의 '알파고'로 불린다. 이들은 영국 UCL(University College London)의 컴퓨터 과학자와 브루마스터가 협업해 개발한 AI 알고리즘으로, 맥주가 지속적으로 개선되는 피드백 루프를 구현했다. 핵심은 '자동 레시피 최적화 시스템'에 있다. 이 시스템은 소비자 피드백을 분석할 뿐만 아니라, 재료의 공급 상황, 계절, 마케팅 전략까지 고려해 가장 실현 가능한 레시피를 제시한다(이코노미스트, 2016).

예를 들어 홉의 수입이 지연되거나 가격이 상승할 경우 AI는 대체 홉 품종을 추천하며, 맛의 유사도와 소비자 반응 예측까지 제공한다. 또한 인텔리전트X는 AI가 추천한 레시피가 실제 양조 시 어떤 향미를 가질지 시뮬레이션하는 '가상 테이스팅' 기술도 실험 중이다. 이 기술은 소비자의 취향과 과거 반응 데이터를 기반으로 특정 레시피가 얼마나 긍정적인 반응을 얻을지를 사전에 예측할 수 있게 한다.

이 회사는 브루어리 운영 시스템 전체를 AI 중심으로 재설계했다. 양조장 내 센서에서 수집된 실시간 데이터를 기반으로 발효 조건, 온도, 당도, 압력 조절 등이 자동화되며, AI는 소비자 피드백에 따라 이러한 공정을 동적으로 조정한다. 인텔리전트X는 이를 통해 20% 이상 고객만족도 향상과, 생산 효율성 증대를 동시에 달성했다.

인텔리전트X는 이 같은 AI 브루잉 방식을 B2B 모델로도 확장하고 있다. 예를 들어 한 고급 호텔 체인과 협업해 호텔 이용 고객의 리뷰, 객실 내 기온, 계절성 데이터를 분석하고 전용 하우스 맥주를 설계한 사례가 있다(투이컨설팅, 2019). 이는 레시피를 고객 경험 중심으로 전환하는 AI 기술의 가능성을 잘 보여준다.

또한 최근에는 소비자의 '행동 데이터'까지 반영하고 있다. 스마트워치, 피트니스 앱, 식단 분석 앱 등과 연동해 하루 활동량이 많았던 날에는 에너지 회복에 도움이 되는 몰트 비중이 높은 맥주를 추천하고, 야외 활동이 적었던 날에는 가벼운 세션 에일 스타일을 제안하는 기능도 개발 중이다. 이는 맞춤형 맥주 경험을 라이프 스타일 전반과 통합하려는 시도이며, 향후 AI 기반 개인 건강관리와도 접점을 넓힐 수 있다.

데이터로부터 탄생하는 창의성

AI가 생성하는 맞춤형 레시피는 단지 '소비자 맞춤'이라는 실용적 측면에만 머무르지 않는다. 데이터 기반의 창의성, 즉 과거에는 시도되지 않았던 향미 조합, 양조 방식, 레시피 로직의 새로운 발견을 가능케 한다. 미국의 크래프트 맥주 브랜드 비어바나(Beervana)는 AI에게 음악 장르, 감성 키워드, 컬러 코드 등을 입력해 '시각-청각-미각'을 통합한 테마 맥주를 기획했다. 예를 들어 재즈라는 음악과 붉은 색상이 주는 감성을 분석한 AI는, 몰트 비중이 높고 중후한 풍미의 앰버 라거를 제안했다.

이러한 창의적 실험은 소비자에게 감정적 공감을 유도할 뿐 아니라, 브랜드의 차별화에도 기여한다. '나를 위한 맥주'라는 콘셉트는 고급 레스토랑, 결혼식, 맞춤형 파티 등에서 큰 호응을 얻고 있으며, 맞춤 맥주 시장은 프리미엄 소비문화와 결합해 빠르게 성장 중이다.

더 나아가 AI는 언어 데이터를 분석해 맥주 네이밍 전략에도 창의성을 더하고 있다. 소비자의 언어 감성 분석, 지역별 유행어, 계절별 검색어 등을 바탕으로 제품명을 제안하는 알고리즘이 개발되고 있으며, 이는 제품 콘셉트와의 정합성을 높이는 데 기여하고 있다.

이탈리아의 프리미엄 맥주 브랜드 나스트로아주로(Nastro Azzurro)는 AI 기반 디자인 프로젝트 'The Label of Tomorrow'를 통해 브랜드 라벨을 새롭게 정의했다. 이 프로젝트는 과거 디자인과 라틴 문자 캘리그래피를 학습한 AI '아르마리우스(Armarius)'가 라벨과 브랜드 스토리를 자동 생성하는 방식으로 진행되었으며, 전통성과 미래지향적 감성을 결합해 브랜드 아이덴티티를 재해석하는 데 기여했다(Branding News, 2017)

또한 AI는 실험실 환경에서도 독창적인 효모 조합과 발효 프로토콜을 탐색하는 데 활용되고 있다. 미국의 바이오브루테크(Bio Brew Tech)는 AI가 제안한 조합으로 새로운 효모를 배양하고, 그 효모가 만들어내는 독특한 향미 특성을 정량 분석하고 있다. 이처럼 AI는 이제 재료 설계, 발효 최적화, 레시피 기획을 아우르는 전방위 도구로 발전하고 있다.

AI와 맞춤형 맥주 레시피 개발은 전통과 혁신이 만나는 교차점이다. 소비자의 목소리를 듣는 AI, 감성을 이해하는 알고리즘, 창의적 시도를 가능케 하는 데이터 분석은 맥주라는 전통 음료에 새로운 생명력을 불어넣고 있다. 단지 맥주의 품질을 높이는 것을 넘어, 소비자와 브랜드가 공감하는 제품을 함께 만들어가는 문화적 변화의 출발점이 되고 있다. 이러한 기술은 단순한 마케팅을 넘어, 맥주 산업 전체를 창조 기반 플랫폼으로 진화시키는 결정적 계기가 될 것이다.

앞으로는 AI와 인간이 협업해 만드는 레시피가 단순한 상품의 경계를 넘어서, 하나의 경험, 하나의 콘텐츠, 하나의 문화로 자리 잡게 될 것이다. 그리고 이 변화의 중심에는 데이터를 읽고, 의미를 부여하며, 새로운 가능성을 탐색하는 알고리즘과 그 알고리즘을 신뢰하는 사람들의 선택이 있다.

참고문헌

이승준(2019.3.19).세상에 이런 맛은 없었다. 이것은 맥주인가, 과학인가?. 투이컨설팅. https://www.2e.co.kr/news/articleView.html?idxno=205836

이코노미스트(2016.7.25). 인공지능으로 빚은 맥주. https://economist.co.kr/article/view/ecn201607250032

Branding.news(2017.7.25). AI gets creative with new beer label for Nastro Azzurro. https://www.branding.news/2017/07/25/ai-gets-creative-with-new-beer-label-for-nastro-azzurro/

03
AI 기반 품질 관리와 예측 유지 보수

AI는 맥주 품질을 정밀하게 관리하고 설비 고장을 예측해 생산 중단을 방지한다. 브루마스터는 데이터 해석자로 진화하며, 소비자 피드백까지 품질 개선에 반영된다. AI는 맥주 산업의 전반을 혁신하고 있다.

AI와 난임 극복?

AI로 예측하는 품질

맥주는 단순한 음료가 아니다. 각 병, 각 잔에는 자연의 섬세한 조화와 인간의 노력이 담겨 있다. 홉의 쓴맛, 몰트의 고소함, 효모의 향, 물의 청량함. 이 네 가지 기본 요소는 발효와 숙성의 과정을 거치며 수십 가지 맛과 향으로 확장된다. 문제는 이 모든 요소가 너무나 민감하다는 점이다. 온도가 조금만 변해도 발효 속도가 달라지고, 물의 성분이나 재료의 품질이 조금만 달라져도 맥주의 전체 향미가 바뀌게 된다.

예전에는 이러한 변수들을 오로지 브루마스터, 즉 맥주 장인의 경험과 감각에 의존해 통제했다. 하지만 아무리 뛰어난 장인이라도 하루 수천 리터의 맥주가 생산되는 환경에서 모든 공정을 감시하고 오류를 예측하는 데는 한계가 있다. 여기서 등장한 것이 바로 AI 기반 품질관리 시스템이다.

이 시스템은 수십 개의 정밀 센서로 실시간으로 데이터를 수집한다. 예를 들어 발효조 내부의 온도, 압력, pH, 알코올 농도, CO_2 농도, 효모의 활동 수치 같은 데이터를 매초 단위로 측정한다. 방대한 데이터는 AI가 처리한다. AI는 이 데이터들을 분석해서, 정상적인 발효가 어떻게 이루어져야 하는지를 학습한다. 이른바 '정상 발효 곡선'이라는 것이 만들어진다.

이 곡선에서 벗어나는 변화가 감지되면 AI는 즉시 경고를 보낸다. 발효가 너무 느리게 진행되거나, CO_2 농도가 지나치게 낮거나, 효모 활동이 예상보다 저조할 경우 AI는 원인을 분석하고 해결책을 제시한다. 예를 들어 발효 속도가 느릴 때는 발효 온도를 살짝 높여주고, 당도 비율을 조절해 효모 활동을 돕는 방식이다.

또한 AI는 단순히 이상을 감지하는 데서 끝나지 않는다. 수많은 배치 데이터를 바탕으로 장기적인 품질 트렌드를 파악하고, 특정 레시피와 설비 조합에서 반복되는 문제를 발견하는 데도 유용하다. 이는 인간이 놓치기 쉬운 부분까지 AI가 보완해주는 역할을 한다.

예를 들어 한 독일 양조장은 겨울철에 품질 편차가 자주 발생하는 현상을 오랫동안 이유를 알지 못하고 있었다. 그러나 AI 분석 결과, 난방 설비가 가동될 때 일부 탱크 주변의 온도 분포가 미세하게 달라지는 것이 원인이었음을 밝혀냈다. 이후 공조 설계를 개선해 품질 안정성을 크게 높일 수 있었다.

이러한 자동 품질 관리 시스템은 브루마스터가 모든 공정에 상주하지 않아도 품질을 유지할 수 있게 해 준다. 심지어 일부 양조장은 원격지에서 모바일 기기로 생산 상태를 모니터링하고 AI의 분석 결과를 확인할 수 있다. 이는 야간에도 양조장이 안정적으로 운영될 수 있도록 하는 큰 장점이다.

일본 아사히맥주는 이러한 기술을 실제 양조 현장에 도입하고 있다. 이 회사는 발효 과정 중 발생하는 휘발성 화합물(VOC)을 감지해 향미의 변화를 예측한다. 이는 과거 사람이 시음하고 관찰해야 했던 영역을 AI가 실시간으로 분석하는 방식이다. 이 시스템으로 맥주 맛의 일관성을 확보하고, 소비자 불만 사례를 크게 줄였다.

영국의 클라우드브루잉(Cloud brewing)은 다양한 고객 요구에 맞춰 레시피를 자주 바꾸는 양조장이다. 이곳은 레시피 변경이 자칫 품질 저하로 이어질 수 있기에 AI 기반 품질 모니터링 시스템을 도입했다. AI는 레시피 변화와 발효 데이터 간의 연관성을 실시간으로 파악하고, 변경된 조건에서도 일정한 품질을 유지할 수 있도록 설계되어 있다.

미국 조지아주의 테라핀비어(Terrapin Beer)는 센서 데이터 기반의 클라우드 플랫폼 브루IQ(BrewIQ)를 도입해 소규모 양조 환경에서도 정밀 품질 제어를 실현하고 있다. 발효 탱크에 부착된 센서로 수집된 온도, pH, 압력 등 데이터를 실시간으로 분석하고, 이를 통해 발효 조건을 자동 조정한다. 품질 관리 매니저 애비 비커스(Abbey Vickers)는 "우리는 이제 대기업처럼 품질을 관리하면서도 인건비는 줄이고, 무엇보다 마음의 평화를 얻었다"고 말했다(Precision Fermentation, 2021).

고장 이전에 수리하는 양조장

맥주 양조 공정에는 펌프, 냉각기, 발효조, 이송관, 병입기 등 다양한 설비가 사용된다. 이 장비들은 하루에도 수십 번씩 작동하며, 작은 마모나 고장만으로도 생산에 큰 지장을 줄 수 있다. 따라서 장비의 유지보수는 맥주 품질을 유지하고 생산성을 확보하는 데 핵심적 역할을 한다.

전통 방식은 고장이 발생한 후 수리하거나, 일정 기간마다 기계 점검을 수행했다. 하지만 이 방식은 고장이 실제로 발생한 이후이기 때문에 이미 피해가 발생했을 가능성이 높다. 게다가 불필요하게 자주 정비를 진행하면 인건비와 시간도 낭비된다.

AI를 활용한 예측 유지보수는 이 문제를 해결해 준다. 기계의 진동, 소리, 압력, 온도, 전기 소모량 등 다양한 센서 데이터로 장비의 상태를 실시간으로 모니터링하고, AI는 이 데이터를 분석해 고장이 일어날 가능성을 계산한다. 이 예측 정보를 바탕으로, 부품을 미리 교체하거나 점검 일정을 조정할 수 있다.

덴마크의 칼스버그는 양조장 전체를 AI 예측 시스템으로 운영하고 있다. 장비의 상태는 실시간으로 수집되며, AI는 고장 확률을 분석해 각 장비의 수명을 예측한다. 이 회사는 예측 유지보수로 생산 중단을 37% 줄이고, 유지보수 비용은 24% 절감하는 성과를 거두었다.

미국의 스마트브루(SmartBrew)는 양조 공정에 AI 기반 자동화 시스템을 도입했다. 특히 발효와 냉각 과정에서 센서로 온도, 압력 등의 데이터를 실시간으로 수집하고 분석하여 미세한 이상 징후도 감지한다. 예를 들어 여름철 냉각 시스템에 온도 편차가 생기면, AI는 관리자에게 알림을 보내 조치를 제안한다. 이처럼 자동화된 감시와 대응 덕분에 품질 손실을 사전에 차단할 수 있게 된 것이다(SmartBrew, 2023).

또한 일본 삿포로맥주는 자동 세정 시스템(CIP)에 AI를 접목했다. 맥주 설비는 세정이 필수지만, 너무 자주 하면 자원을 낭비하게 된다. 삿포로는 AI로 실제 오염도를 측정하고, 최적의 시점에 필요한 범위만 세정하는 방식으로 운영한다. 이 시스템은 연간 수천 톤의 물을 절약하고, 세정 시간도 단축시켜 생산 효율을 높이고 있다.

ERP(Enterprise Resource Planning, 전사적 자원 관

리) 시스템과의 연동도 AI 유지보수의 핵심이다. AI는 고장을 예측하고, 필요한 부품이 재고에 없을 경우 ERP 시스템에 자동으로 발주를 명령한다. 또한 점검 시기를 생산 스케줄과 조정해, 최소한의 생산 차질로 유지보수를 수행하게 한다.

최근에는 VR(가상현실) 및 AR(증강현실) 기술을 결합한 AI 유지보수 시스템도 등장하고 있다. 정비 인력은 AR 기기를 착용한 상태로 장비를 점검하면서, AI가 표시하는 부품 상태나 교체 시기 정보를 실시간으로 확인할 수 있다. 이는 유지보수 교육에 활용되며, 숙련된 기술자가 부족한 문제를 해결하는 데도 기여한다.

데이터로 품질을 빚다

브루마스터는 오랜 시간 맥주의 품질을 책임져 온 핵심 인물이다. 이들은 효모의 상태를 육안으로 확인하고, 발효 향을 코로 감지하며, 최종 제품의 맛을 입으로 평가해 왔다. 그러나 이제 그들의 역할은 AI와 데이터를 해석하고 조정하는 전문가로 확장되고 있다.

하이네켄은 브루마스터 교육 과정에 데이터 과학, 통계 분석, AI 시스템 이해 등을 포함시켜 교육한다. 새로운 브루마스터는 과학과 기술에 기반한 의사결정 능력을 갖춰야 한다. 그들은 공정의 모든 데이터를 분석해 문제의 원인을 진단하고, AI가 제안한 해결책의 실행 여부를 결정한다.

이러한 변화는 맥주 품질의 개념 자체를 바꾸고 있다. 예전에는 '같은 맛을 꾸준히 유지하는 것'이 품질의 핵심이었다면, 이제는 '다양한 취향에 맞추어 적절히 조정하는 것'이 품질의 새로운 정의로 자리 잡고 있다. 그리고 이 정의는 AI 없이는 불가능하다.

벨기에 KU루벤(KU Leuven) 대학 연구팀은 소비자 리뷰 데이터를 AI로 분석해 맥주의 맛과 품질을 개선하는 연구를 진행했다. 예를 들어 "텁텁하다"는 표현이 반복되면 AI는 관련 화학 성분을 추적하고, 이를 바탕으로 레시피나 발효 조건을 조정할 수 있도록 설계되었다. 이는 감성 데이터를 실질적인 품질 개선으로 연결한 대표적 사례다 (VIB · 연합뉴스, 2024).

또한 테이스팅 앱과 웹사이트에서 수집된 실시간 피드백은 AI에 의해 자동 분석된다. 어떤 제품에 대한 불만이 일정 수준 이상 발생하면, 다음 생산 배치에서 해당 레시피나 공정이 수정된다. '라이브 피드백 품질 관리'는 맥주를 살아 있는 제품으로 진화시키고 있다.

브루마스터는 이제 '감각의 장인'에서 '데이터의 해석

자'로 역할이 확장되었으며, 이는 단지 맥주 산업뿐 아니라 전체 식음료 산업의 인재상이 어떻게 변화하고 있는지를 상징적으로 보여주는 장면이기도 하다.

AI는 단순한 자동화가 아니다. 그것은 인간의 직관을 보완하고, 보다 정밀하고 지속 가능한 생산을 가능하게 하는 협업의 기술이다. 맥주 산업에서 AI는 품질을 측정하고, 예측하며, 설계하는 시대를 열었다. 이는 단지 기술의 혁신이 아니라, 맥주를 둘러싼 문화 전체의 진화이기도 하다.

이제 품질이란 제품을 완성한 뒤 평가하는 것이 아니라, 처음부터 데이터로 설계하고 피드백으로 계속 개선하는 과정이 되었다. AI는 이 전환을 가능하게 했고, 앞으로는 소비자와 제조자 모두가 이 시스템에 참여하게 될 것이다.

참고문헌

연합뉴스(2024.4.1). 벨기에 연구진 "AI로 맥주 향 · 맛 예측 가능"…미생물 조합 활용.
https://www.yna.co.kr/view/AKR20240401162200098

Precision Fermentation(2021). BrewMonitor at Terrapin Beer Company.
https://precisionfermentation.com/resources/Precision-Fer

mentation-BrewMonitor-System-Case-Study-Terrapin-Beer-Company.pdf

SmartBrew. SmartBrew: Automated brewing systems for craft beer.
https://www.smartbrew.com/?utm_source=chatgpt.com

VIB(2024). AI predicts the taste and quality of beer.
https://press.vib.be/ai-predicts-the-taste-and-quality-of-beer

04
맥주 유통 최적화: AI와 스마트 물류 시스템

AI는 맥주 유통의 모든 단계에서 정밀한 수요 예측, 실시간 재고 관리, 경로 최적화로 효율성을 높인다. 소비자에게는 맞춤형 배송과 신속한 서비스, 브랜드에는 유연한 공급망과 고객 피드백 반영이 가능해지는 구조를 만든다.

AI와 사주?

공급망의 디지털 전환: AI가 물류를 바꾸다

맥주 한 병이 소비자 손에 들어가기까지는 생각보다 긴 여정을 거친다. 양조장에서 완성된 맥주는 병 또는 캔에 담긴 후 물류창고로 이동하고, 지역 도매업체나 대형 유통망으로 식당, 마트, 주점 등 최종 판매처에 전달된다. 이 복잡한 유통망에서 한 번의 오류는 대규모 손실로 이어질 수 있다. 특히 맥주는 유통기한이 명확하고, 신선도가 중요한 식품이어서 재고가 쌓이거나 품절이 발생하는 상황은 브랜드 이미지와 수익성에 치명적이다.

기존의 유통 시스템은 사람의 직관과 경험, 간단한 엑셀 시트에 기반해 운영되어 왔다. 예를 들어 특정 지역의 담당자는 날씨나 휴일 여부, 판매 추이 등을 종합적으로 고려해 수요를 추측했고, 발주량이나 배송 경로를 수기로 계획했다. 그러나 이러한 방식은 예측의 정확도가 낮고, 시장 변화에 신속히 대응하기 어렵다는 한계를 지닌다. 특히 예측이 틀렸을 경우, 상품 부족이나 재고 과잉으로 큰 손실이 발생할 수 있다.

AI는 이 문제를 해결하기 위해 등장했다. AI는 매출 데이터, 기후 정보, 지역별 행사 일정, 심지어 SNS상의 소비자 언급량까지 통합해 분석함으로써, 특정 시간과 장소에서 어떤 맥주가 얼마나 팔릴지를 예측한다. 이 과정은 사람이 며칠에 걸쳐 분석하던 작업을 몇 분 만에 수행하며, 정확도 역시 비약적으로 향상되었다.

예를 들어 네덜란드의 하이네켄은 자체 AI 물류 플랫폼으로 수요 예측의 정확도를 85% 이상까지 끌어올렸다. 이 플랫폼은 과거 판매 이력뿐 아니라, 해당 지역의 기상 예보, 스포츠 경기 일정, 지역 축제, 학교 방학 등 외부 요인을 반영해 유통 계획을 최적화한다. 덕분에 과잉 생산과 재고 적체를 줄이고, 공급 부족으로 인한 기회 손실도 획기적으로 감소했다.

하이네켄은 특히 유럽 내 주요 도시를 중심으로 지역 맞춤형 물류 계획을 수립하고 있다. 예컨대 런던은 연례적인 음악 축제 일정에 맞춰 IPA 맥주의 공급량을 미리 조정하고, 벨기에는 날씨 변화에 따라 라거 수요를 예측해 병입 일정까지 조율한다. 이는 AI의 예측이 단지 이론에 그치지 않고 실질적인 생산, 물류, 영업 전략과 유기적으로 결합되어 있음을 보여준다(BlueYonder, 2024).

이러한 시스템은 생산과 물류의 흐름을 유기적으로 연결하기 때문에, 공급망 전체의 반응 속도를 높여준다. 갑작스러운 수요 증가가 발생하면, AI는 이를 감지하고 생산 스케줄 조정, 추가 운송 편성, 임시 창고 활용 등의 대안을 제시한다. 이를 통해 유통망의 유연성과 회복 탄력성을 크게 높일 수 있다.

일본의 기린도 유사한 시스템을 운영하고 있다. 이 회사는 전국 편의점과 마트의 POS 데이터를 실시간으로 수집하고, 이를 바탕으로 각 제품의 소비 속도를 분석한다. 여기에 도로 상황, 날씨, 공휴일 여부 등 외부 요소까지 반영해 재고를 실시간으로 재배치한다. 프리미엄 맥주처럼 냉장 상태를 유지해야 하는 제품은 냉장 트럭이나 특수 컨테이너로 자동 분류되어 운송된다. 이렇게 AI는 단순한 물류의 자동화를 넘어서, 전체 공급망을 통제하고 최적화하는 두뇌 역할을 수행한다(기린홀딩스, 2023).

기린은 특히 일본의 지방 소도시처럼 판매량이 적고 물류 효율이 낮은 지역에서 AI가 큰 효과를 발휘한다고 보고 있다. 특정 제품이 정기적으로 잘 팔리는 시간대와 요일을 분석해 배송을 최소화하면서 적시에 공급하도록 해, 물류비는 15% 절감되었으며, 지역 점포의 품절률은 40% 이상 개선되었다.

유통 경로의 재설계: 스마트한 재고 배분

기존의 유통 경로는 중앙집중형 구조였다. 대형 물류센터에서 출발한 제품이 각 지역 소매점으로 흩어지는 방식이었다. 하지만 이 방식은 수요의 지역별 편차에 민감하게 반응하지 못하고, 한 번 경로가 설정되면 수정하기 어렵다는 단점이 있다. AI는 이러한 구조를 재해석한다. 분산형 재고 운영과 유동적인 경로 조정이 핵심이다.

미국의 데이터 분석 기업 클릭(Qlik)은 AI 기반 분석 도구를 통해 맥주 유통의 공급망 관리 효율을 높이고 있다. 이 시스템은 지역별 소매점의 판매 데이터를 실시간으로 분석해, 수요가 급증한 매장에 인접 창고의 재고를 신속히 배치하는 전략을 가능하게 한다. 예를 들어 브루클린에서 IPA 맥주의 판매량이 증가하면, 퀸즈나 브롱크스의 재고를 빠르게 조정해 공급한다. 동시에 본사에는 수요 신호가 전달되어 생산 계획까지 연동되도록 한다(Food Logistics, 2024).

브루딜리버리는 지역 유통 기사와의 협업도 자동화하고 있다. 앱 기반 물류 지시 시스템으로 배송 기사들은 실시간 경로 변경, 물량 배분, 긴급 요청 수락 등을 수행할 수 있다. 이는 갑작스러운 교통 체증이나 날씨 변화에도 유연하게 대응하는 기반을 마련해 준다.

스마트 창고 기술도 AI 유통 시스템의 기반이 된다. 창고 내부에 IoT 센서, 무게 감지 시스템, 카메라 기반 상품 인식 기술이 설치되며, 모든 입출고는 자동으로 기록

된다. 재고가 일정 수치 이하로 떨어지면 자동 발주가 되며, 일부 고급 시스템은 날씨에 따른 수요 변화까지 예측해 사전 발주량을 조정한다. AI가 물류센터를 '예측 가능한 창고'로 바꾸고 있는 것이다.

영국의 로고팩(Logopack)은 AI 기반 창고 시스템을 도입한 이후, 물류 사고율을 70% 이상 줄였다. 오배송, 중복 출고, 유통기한 오류 등 기존 시스템에서 흔히 발생하던 문제가 AI와 IoT 기반의 실시간 검증 절차로 거의 사라졌다. 물류 효율성은 단순한 비용 절감을 넘어, 고객 만족도와도 직결된다.

이 밖에도 RFID(무선주파수인식) 기술과 연계된 AI 물류 관리 시스템은 상품 추적과 정품 인증까지 아우르고 있다. 이 기술은 맥주 병이나 캔에 부착된 태그로 제품 이동 경로를 전부 기록하며, 특정 제품이 어디에서 제조되어 어느 매장에서 팔렸는지 추적할 수 있다. 이는 위조품 방지나 회수 시스템에도 큰 효과를 보이며, 고급 프리미엄 맥주 브랜드에서 선호하는 방식이다.

고객 경험 중심의 유통 혁신

AI가 유통망 전반을 혁신함에 따라, 가장 큰 혜택을 보는 이는 결국 소비자다. 유통의 최종 목적은 단지 제품을 배송하는 것이 아니라, 소비자가 원하는 시점에 원하는 제품을 최고의 상태로 받는 것이다. AI는 이 목적을 달성하는 데 핵심 역할을 하고 있다.

미국의 수제맥주 구독 서비스 비어드롭(Beer Drop)은 소비자의 취향을 기반으로 개인화된 맥주 추천 서비스를 제공한다. 고객은 초기 가입 시 선호하는 맥주 스타일을 선택하고, 이후 시스템은 그 정보를 바탕으로 매달 다른 구성의 맥주 박스를 자동으로 구성해 발송한다. 배송 전 추천 리스트는 사용자에게 미리 제공되며, 필요 시 수동으로 교체할 수도 있다.

비어드롭의 물류 시스템은 소비자의 선택 데이터를 기반으로 최적화되어 있으며, 추천된 맥주들이 정해진 날짜에 정확히 도착할 수 있도록 구성된다. 특히 배송 오류나 지연 가능성이 생길 경우, 대체 제품 제안이나 배송 일정 조정을 통해 고객 만족도를 높이는 방식으로 운영된다. 이러한 프로세스는 개인 맞춤형 경험을 제공하면서도 사용자 피드백을 반영해 지속적으로 개선된다(Beer Drop, 2024).

이러한 개인화한 유통 시스템은 '프리미엄 맥주 경험'이라는 새로운 소비문화를 만들고 있다. 과거 대형 유통망 중심의 대량 생산, 대량 소비 모델과 달리, 이제는 소량이더라도 맞춤형으로 제공되는 고품질 제품이 소비자에게 큰 만족을 주는 흐름으로 변화하고 있다. AI는 이 흐름을 기술적으로 가능하게 하는 핵심 도구가 되었다.

AI는 마지막 배송 단계인 '라스트 마일(Last mile)'에서도 큰 변화를 일으키고 있다. 과거에는 배송 트럭이 일정한 경로를 따라가며 일괄 배송을 진행했지만, 오늘날은 AI가 실시간 교통 정보, 날씨, 도로 공사 정보 등을 반영해 배송 경로를 최적화한다. 예를 들어 폭우가 예상되거나 도로 공사로 우회가 필요한 경우, AI는 즉시 경로를 재계산하고 새로운 배송 지침을 제공한다.

유럽의 수제맥주 브랜드 브루독(BrewDog)은 드론 배송 시스템을 도입해 맥주 유통 방식에 혁신을 꾀하고 있다. 이 시스템은 도시 외곽이나 접근이 어려운 지역의 고객을 대상으로 하며, 드론을 활용해 신속하고 비접촉 방식으로 맥주를 전달한다. 운영 과정에서는 배터리 잔량, 기상 조건, 비행 가능 구역 등을 고려해 최적의 경로와 드론이 자동으로 지정된다. 이를 통해 과거에는 배송이 어려웠던 지역에 빠르고 효율적인 맥주 배송이 가능해졌다(Beverage Daily, 2020).

또한 고객 서비스 측면에서도 AI는 중요한 도구다. AI 챗봇은 단순한 FAQ 답변 기능을 넘어, 실시간 배송 추적, 제품 교환 및 환불 요청, 포장 불량 신고 등의 기능까지 수행한다. 고객이 앱에서 간단히 메시지를 입력하면, AI가 해당 이슈를 자동으로 분류하고, 필요한 경우에는 물류 담당자나 CS 팀에 전달한다.

이 과정에서 축적된 고객 불만 데이터는 다시 AI가 분석해 문제의 원인을 파악하고, 반복되는 오류를 줄이는 데 사용된다. 특정 지역에서 유독 파손율이 높은 경우, 해당 물류센터의 포장 공정이나 배송 기사별 작업 패턴을 점검해 개선을 유도한다. 이는 단순한 '문제 처리'를 넘어, '문제 예방'으로 이어지는 선순환 구조를 만든다.

AI는 고객 리뷰와 피드백 분석으로 유통 및 제품 전략에도 영향을 미친다. 예를 들어 "배송이 느리다"는 리뷰가 특정 지역에서 빈번하게 나타나면, 해당 지역의 배송 파트너 변경이나 창고 위치 조정을 검토할 수 있다. 반대로 "이 조합이 마음에 든다"는 긍정 리뷰가 많이 달린 제품 패키지는 향후 고정 상품군으로 편성되는 전략적 판단에 쓰이기도 한다.

결국 AI는 단지 물류를 자동화하는 기술을 넘어, 소비자와 브랜드를 더 밀접하게 연결하는 역할을 수행한다. 소비자는 단지 물건을 받는 것이 아니라, 자신의 피드백이 실제 유통과 제품 전략에 반영되는 경험을 한다. 이는 브랜드 충성도와 고객 만족도를 함께 높이는 결과로 이어진다.

유통의 미래, AI가 그리는 풍경

AI가 이끄는 맥주 유통의 혁신은 단지 효율성과 비용 절감에 그치지 않는다. AI는 수요를 정밀하게 예측하고, 공급을 민첩하게 조정하며, 소비자와의 소통을 실시간으로 이어주는 역할을 하며, 유통을 소비자 경험의 핵심 요소로 탈바꿈시키고 있다.

유통이 단순히 생산된 제품을 나르는 일이었던 시대는 지났다. 이제 유통은 AI 기술과 데이터를 바탕으로 시장 흐름을 선도하고, 소비자의 요구를 실시간으로 반영하며, 브랜드의 경쟁력을 높이는 전략의 최전선에 있다.

앞으로 맥주 산업은 양조장에서 끝나지 않는다. AI가 구축한 유통 인프라로 소비자에게 도달하기까지 여정 하나하나가 새로운 경쟁력으로 작용할 것이다. 그리고 그 여정의 중심에, 이제 기술과 인간의 협업이라는 가장 맥주다운 혁신이 자리 잡고 있다.

참고문헌

Beer Drop(2024). Beer Drop customized beer subscription.

https://www.beerdrop.com/beer-drop-customized-beer-subscription
BlueYonder(2024). HEINEKEN Teams Up With Blue Yonder To Improve Demand Planning. https://media.blueyonder.com/heineken-teams-up-with-blue-yonder-to-improve-demand-planning
Food Logistics(2025.5.20). How AI helps breweries stay ahead of supply chain disruption. https://www.foodlogistics.com/software-technology/ai-ar/article/22940936/qlik-how-ai-helps-breweries-stay-ahead-of-supply-chain-disruption
Kirin(2023). Kirin Integrated Report 2023. https://www.kirinholdings.com/en/investors/files/pdf/kirinreport2023.pdf

05
AI와 마케팅: 소비자 데이터 분석과 맞춤형 광고

AI는 맥주 산업 마케팅을 정밀하고 개인화한 방향으로 혁신하고 있다. 소비자 데이터를 분석해 감성적 스토리텔링을 만들고, 자동화한 캠페인을 운영하며, 소규모 양조장도 효과적인 마케팅을 할 수 있도록 지원한다. 윤리성과 투명성 확보도 중요한 과제다.

AI와 아이돌?

AI 마케팅의 본질: 데이터를 통한 공감의 기술

맥주 산업에서 마케팅은 단순한 홍보를 넘어 소비자와 관계를 형성하는 핵심 전략이다. 전통 마케팅은 TV 광고, 라디오, 간판, 포스터처럼 대중을 향한 일방적 메시지 전달에 머물렀다. 그러나 디지털 전환이 본격화되면서 마케팅의 중심은 '데이터'로 이동했다. 특히 AI는 데이터를 수집하고 해석하며, 정밀한 타기팅과 개인화한 커뮤니케이션을 가능하게 한다.

AI 마케팅은 세 가지 축을 중심으로 작동한다. 첫째는 고객의 행동을 분석하는 데이터 수집이다. POS 시스템, 웹사이트 방문 기록, SNS 활동, 앱 사용 데이터 등 다양한 경로에서 소비자 행동이 수집된다. 둘째는 데이터를 분석해 특정 고객의 성향, 구매 패턴, 선호도 등을 도출하는 과정이다. 셋째는 분석된 결과를 기반으로 맞춤형 콘텐츠를 제공하는 단계다. 이 콘텐츠는 광고, 제품 추천, 이메일, 알림 메시지 등 다양한 형태로 구현된다.

예를 들어 영국의 수제 맥주 브랜드인 브루독(Brew Dog)은 자체 앱으로 소비자들의 구매 내역과 리뷰, 클릭 패턴을 분석해 다음에 어떤 맥주를 추천할지, 어떤 이벤트를 홍보할지 결정한다. AI는 소비자가 신제품에 긍정 반응을 보인 경우, 그와 유사한 특성의 맥주를 선호할 가능성이 높다고 판단해, 관련 콘텐츠를 앱과 이메일로 자동 발송한다. 또한 AI는 캠페인 결과를 실시간으로 모니터링하면서 반응이 저조한 경우 빠르게 내용을 수정하거나 타깃을 변경할 수 있도록 한다.

AI는 시청자 데이터 외에도 외부 요인을 반영할 수 있다. 날씨, 위치, 계절, 심지어 지역 이벤트 정보까지 고려한 마케팅이 가능하다. 여름철 폭염이 예보된 날에는 차가운 맥주 광고가 더 효과적이라는 사실은 경험적으로 알려져 있지만, AI는 이를 수치로 확인하고 자동 실행하는 수준으로 발전시켰다. 또한 공공장소에서 진행되는 스포츠 경기나 음악 축제 정보를 기반으로 특정 맥주에 대한 광고 빈도를 자동으로 조절하기도 한다. AI는 타이밍까지도 전략화하는 강력한 도구가 된 것이다.

데이터 기반 AI 마케팅은 이제 소셜미디어뿐 아니라 옴니채널 환경에서 활용되고 있다. 예를 들어 온라인 쇼핑몰에서 특정 맥주를 검색한 소비자가 오프라인 매장에 들어서면, 해당 제품의 프로모션 알림이 모바일로 전송되는 식이다. 위치 기반 데이터와 구매 이력, 선호 제품이 통합 분석되면서, 디지털 마케팅과 물리적 매장 경험이 유기적으로 연결되는 것이다.

이러한 변화는 맥주 산업의 마케팅이 '단절된 홍보'에

서 '연결된 경험'으로 진화하고 있음을 보여준다. AI는 브랜드가 소비자와 일관된 언어와 이미지로 대화할 수 있도록 도와주며, 각 고객의 구매 여정에 따라 적절한 콘텐츠를 제공하는 개인화한 경험을 가능케 한다.

AI로 읽는 소비자 마음

AI는 단순히 수치를 계산하는 도구가 아니다. 최근에는 '감성 분석(Emotion analysis)' 기술이 발전하면서, 소비자의 언어와 감정을 해석해 마케팅 전략에 반영하는 수준까지 도달했다. 이 기술은 텍스트에서 감정 단어를 추출하고, 그 감정이 긍정적인지 부정적인지를 분류하며, 더 나아가 소비자의 의도까지 유추할 수 있게 한다.

맥주 산업은 이 기술을 활용해 온라인 리뷰, SNS 댓글, 포럼 글 등에서 브랜드에 대한 감정적 반응을 수집하고 분석한다. 예컨대 미국의 프리미엄 라거 브랜드 '슬로웨이브(SlowWave)'는 인스타그램과 트위터 상에서 자사 해시태그와 브랜드 언급이 포함된 게시글을 AI가 분석하도록 했다. AI는 소비자가 제품에 대해 '시원하다', '풍미 깊다', '가벼워서 좋다'와 같은 긍정 표현을 주로 사용할 때, 마케팅 카피에 이를 적극 반영한다. 반대로 '너무 쓰다', '맛이 변했다' 등의 부정 표현이 늘면 레시피 개선이나 소비자 교육 콘텐츠로 이를 해소하려 한다.

또한 AI는 개별 소비자의 리뷰를 단순 텍스트 분석이 아닌 '스토리'로 재구성하기도 한다. 예를 들어 "이 맥주는 캠핑 갈 때마다 친구들이랑 마시는 맛이다"라는 문장을 단순히 감성 단어가 포함된 리뷰가 아니라, 브랜드 스토리텔링 콘텐츠에 활용하는 '맥주와 순간의 연결'로 해석한다. 이를 통해 마케팅 팀은 감성적이고 공감 가는 콘텐츠를 제작할 수 있으며, 소비자는 브랜드와 감정적으로 연결된다는 인식을 하게 된다.

스토리텔링은 브랜드 충성도를 높이는 데도 핵심 역할을 한다. AI는 데이터를 기반으로 소비자의 기억과 취향을 파악하고, 그들이 공감하는 언어와 이미지를 추천한다. 이는 전통적인 카피라이터의 직감을 보완하며, 점점 더 진화한 마케팅 전략으로 자리 잡고 있다. 브랜드는 이제 제품 자체가 아니라 '경험'을 판매하는 방향으로 움직이고 있으며, AI는 그 경험을 설계하고 전달하는 데 중요한 역할을 하고 있다.

크래프트 맥주 마케팅 자동화

크래프트 맥주 시장은 브랜드가 다양하고 소비자 취향도 세분화되어 있어 AI 마케팅의 실험장이 되고 있다. 특히 소규모 브루어리들이 한정된 인력과 예산으로도 AI 도구로 효율적인 마케팅을 수행할 수 있다는 점에서 주목받고 있다.

스코틀랜드의 수제맥주 브랜드인 브루독(BrewDog)은 AI 기반의 마케팅 자동화 플랫폼인 'Bloomreach Engagement'를 도입해 운영 중이다. 이 시스템은 고객의 웹 활동, 최근 구매 이력, 투자자 여부 등의 데이터를 분석해 이메일 캠페인, 추천 알림, SNS 광고를 자동으로 설계하고 실행한다. 그 결과 이메일 클릭률이 15.6% 증가하고, 전환율은 11.5%, 수익은 13.8% 상승하는 성과를 얻었다(Bloomreach, 2023).

이러한 자동화 시스템은 대기업뿐 아니라 중소규모 맥주 제조업체에게도 큰 장점이다. 예전에는 마케팅 전문가를 별도로 고용하거나 외부 대행사에 의존했지만, 이제는 클라우드 기반의 AI 플랫폼을 활용해 누구나 정교한 마케팅을 설계하고 운영할 수 있다. 이는 맥주 시장의 다양성을 유지하고, 지역 기반 브랜드들이 살아남는 중요한 기반이 된다.

자동화한 마케팅 시스템은 고객 생애주기(Lifecycle) 전반에 걸쳐 작동한다. 고객이 처음 앱을 다운로드했을 때부터, 첫 주문을 하고 재구매로 이어지는 과정을 AI가 모두 추적하고 최적화한다. 예컨대 고객이 장바구니에 제품을 담은 후 결제하지 않고 나갔을 경우, AI는 24시간 이내에 리마인드 메시지를 전송하거나, 할인 쿠폰을 제공해 구매를 유도한다.

또한 재방문율이 낮은 고객에게 과거 선호했던 제품군이나 계절 한정 제품의 정보를 제공해 관심을 다시 유도한다. 이러한 맞춤형 접근은 전환율을 크게 높이며, 브랜드에 대한 긍정적 인식을 유지하는 데 도움을 준다.

최근에는 챗봇과 음성비서 기술도 마케팅 자동화에 결합되고 있다. 소비자는 AI 챗봇으로 실시간으로 추천을 받거나, 새로운 제품에 대한 궁금증을 해결한다. 예를 들어 "오늘 저녁 식사에 어울리는 맥주 추천해줘"라고 메시지를 입력하면, AI는 요일, 날씨, 사용자의 과거 취향 데이터를 기반으로 최적의 제품을 추천하고, 구매 링크까지 안내한다.

이러한 통합 시스템은 고객의 경험을 더욱 유연하고 즐겁게 만들어준다. 브랜드는 단지 제품을 판매하는 것이 아니라, 맥주로 고객의 일상에 가치를 더하는 방향으로 진화하고 있는 것이다.

AI 마케팅의 윤리와 신뢰

AI 마케팅이 제공하는 편리함과 정밀성에도 불구하고, 이면에는 분명한 윤리적 고려가 필요하다. 특히 소비자 데이터의 수집과 활용 과정에서 개인정보 보호는 중요한 과제 중 하나다.

유럽연합의 개인정보 보호 규정(GDPR, General Data Protection Regulation)과 같은 법적 장치는 기업이 AI를 활용할 때 반드시 준수해야 할 윤리 기준을 제시한다. 사용자가 자신의 데이터가 어떻게 활용되는지를 명확하게 이해하고, 이를 거부하거나 수정하는 권리를 가져야 한다는 것이 기본 원칙이다.

예를 들어 AI가 소비자의 행동 데이터를 분석해 '과도한 음주 습관이 있다'는 결론을 내리고 해당 고객에게 특정 제품을 집중적으로 노출시키는 것은 윤리적으로 문제다. 이처럼 소비자의 사적 행동을 지나치게 분석해 상업적으로 악용하는 것은 AI 마케팅의 부작용이다.

따라서 AI 마케팅을 실행하는 기업은 투명성 있는 데이터 정책을 갖추고, 소비자의 선택권을 존중하며, 공정한 알고리즘 설계를 유지해야 한다. 또한 인간 마케터의 직관과 도덕적 판단이 여전히 중요한 이유는, AI가 모든 것을 판단할 수 없기 때문이다.

기술은 윤리와 함께 발전해야 지속 가능성을 확보할 수 있다. 맥주 산업처럼 문화적 요소와 인간의 감정이 깊게 얽혀 있는 분야일수록, AI 마케팅은 더욱 섬세하고 책임감 있는 접근이 요구된다.

공감의 기술로서의 AI 마케팅

AI 마케팅은 단순한 효율성의 향상을 넘어, 브랜드가 소비자와 더 깊이 공감할 수 있도록 돕는 기술이다. 데이터를 바탕으로 한 개인화, 감성 분석을 통한 스토리텔링, 자동화한 캠페인 운영은 모두 고객을 더 잘 이해하고 맞춤형으로 소통하기 위한 도구로 작동한다.

앞으로 맥주 마케팅은 점점 더 인간 중심의 방향으로 진화할 것이다. AI는 단지 기술적 수단이 아니라, 브랜드와 고객이 진심으로 연결되는 순간을 만드는 매개체가 된다.

디지털 시대의 소비자는 자신의 경험이 존중받고 있다는 느낌을 받을 때 비로소 브랜드에 충성하게 된다. AI는 그 가능성을 넓히는 기술이다. 그러나 그 기술이 인간적인 감성과 책임감 속에서 활용될 때, 우리는 진정한 의미의 '스마트 마케팅' 시대를 맞이할 것이다.

참고문헌

Bloomreach(n.d.). How BrewDog increased revenue +13.8% using personalized email campaigns with Bloomreach. https://www.bloomreach.com/en/case-studies/how-brewdog-increased-revenue-using-personalized-email-campaigns-with-bloomreach

06
AI와 스마트 바:
AI 바텐더와 자동화 음료 서비스

스마트 바는 AI와 자동화 기술을 기반으로 음료 추천, 제조, 서비스 전반을 혁신하며, 전 세계적으로 빠르게 확산되고 있다. 운영 효율성과 개인화 경험을 제공할 뿐 아니라, 교육, 관광, 이벤트 산업과의 융합으로 F&B 산업 전반의 미래 가능성을 제시하고 있다.

AI와 야구?

스마트 바의 기술적 구성 요소와 설계 원리

스마트 바의 작동 원리는 단순히 로봇이 음료를 제조하는 수준을 넘어선다. 그 안에는 수많은 센서, 머신러닝 모델, 음성 인식 엔진, 레시피 데이터베이스, 고객 행동 분석 알고리즘이 유기적으로 연결되어 있다. 예컨대 바에 설치된 카메라는 고객의 얼굴을 인식하고, 표정 변화와 시선 방향으로 현재의 감정 상태를 분석한다. 이러한 정보는 음료 추천 시스템에 입력되어 '기분전환이 필요한 상태'일 경우 달콤한 칵테일을, '친구와 유쾌한 시간을 보내는 중'이라면 쌉싸름한 IPA 맥주를 추천하는 방식으로 반영된다.

예를 들어 싱가포르의 AI 바 팁시봇(TipsyBot)은 인텔의 리얼센스(RealSense) 카메라와 연동된 얼굴 인식 시스템으로, 고객의 연령대와 표정을 기반으로 기본적인 추천 음료군을 구성한다. 고객이 앱에 로그인한 경우, 과거 주문 이력과 맛 선호도도 함께 반영되어 최적의 추천이 이루어진다. 이때 사용되는 음료 추천 알고리즘은 KNN(K-Nearest Neighbors, K-최근접 이웃 알고리즘) 기법과 협업 필터링 방식이 복합적으로 적용되어 있으며, 이는 아마존이나 넷플릭스의 추천 알고리즘과 유사한 방식이다.

또한 온도, 습도, 소음, 밝기 등 바의 환경 데이터를 실시간으로 모니터링해 조명, 음악, 음료 추천에 반영하기도 한다. 이 모든 처리는 클라우드 기반으로 작동하며, AI 시스템은 바텐더 로봇과 POS 시스템, 고객 앱, 서버 간 정보를 실시간으로 주고받는다. 그 결과, 스마트 바는 단순한 자동판매기가 아닌 '디지털 호스트'로서의 역할을 하게 된다.

스마트 바 설계 시 가장 중요한 하드웨어 중 하나는 정밀 계량 센서와 고속 혼합기술이다. 일본의 기술기업 시부야 로보틱스(SHIBUYA Robotics)는 0.1ml 단위까지 정밀한 계량이 가능한 유량 제어 밸브를 개발했으며, 이를 이용하면 어떤 칵테일도 정확히 동일한 맛과 도수로 제공할 수 있다. 이런 하드웨어 기술은 AI 알고리즘의 추천 결과를 실제 제품으로 실현하는 중요한 연결고리다.

AI 바텐더에 사용되는 레시피 알고리즘도 매우 정교하다. 고객이 선호하는 재료, 과거에 자주 마신 음료, 현재의 기분 및 날씨까지 고려해 최적의 조합을 도출한다. 일부 시스템은 생성적 적대 신경망(GAN, Generative Adversarial Network)을 사용해 '존재하지 않던 새로운 레시피'를 제안하는 실험도 시도하고 있다. 예를 들어 영국의 퓨처바(FutureBar) Lab은 GAN을 이용해 전통 칵테일 조합에 사용되지 않았던 신소재(유자, 자몽, 바질, 민트 등)를 조합해 'AI 시그니처 칵테일'을 개발하고 있다. 이 과정은 단순한 자동화가 아닌, 창의적 융합 기술로 평가 받는다.

사용자 경험을 위한 공간 디자인과 인터랙션

스마트 바의 또 다른 핵심은 '사용자 경험(UX)'이다. AI 기술이 아무리 정교해도, 고객이 이를 불편하게 느낀다면 도입 효과는 줄어들 수밖에 없다. 이를 위해 스마트 바는 기술적 설계와 함께 공간 디자인에도 신경을 쓰고 있다. 고객이 로봇과 대화하는 공간은 프라이버시를 고려해 세미 폐쇄형 부스로 설계되고, 음성 명령에 익숙하지 않은 고객을 위해 간단한 터치스크린 인터페이스가 제공된다.

이탈리아 밀라노의 마이크로브루(MicroBrew) 스마트 펍은 고객이 직접 AI를 "튜닝"하는 UI를 제공한다. 고객은 마치 플레이리스트를 편집하듯, 자신이 원하는 맛, 향, 도수, 탄산 정도 등을 조절하며, AI는 이에 맞는 레시피를 자동 구성해 준다. 이러한 참여형 인터페이스는 고객 만족도를 높이는 데 큰 역할을 하며, 특히 Z세대와 밀레니얼 세대 사이에서 높은 반응을 얻고 있다.

2023년 서울에서 열린 '스마트 외식산업 전시회'에서 공개된 비어로이드(Beeroid)는 고객이 음성으로 맥주를 주문하면 AI가 즉석에서 대화를 나누고, 표정 분석으로 감정 상태를 파악한 뒤 추천까지 연결되는 시스템을 시연했다. 현장 설문에 따르면, 관람객 300명 중 78%가 '사람보다 더 적절한 음료를 추천받았다'고 응답할 정도로 인상 깊은 사용자 경험을 제공했다.

AI와의 대화도 점점 더 인간에 가까워지고 있다. 초기에는 단순 명령어 입력이 중심이었으나, 최근에는 감성 대화 기반 AI도 도입되고 있다. 예컨대 "오늘 기분이 좀 우울해"라는 말에 AI가 "힘든 하루였군요. 부드러운 맥주 한잔 추천해 드릴게요"라고 응답하는 형태다. 이러한 대화형 AI는 고객에게 위로와 공감을 전달하고, 브랜드에 대한 호감도를 높이는 역할을 한다.

새로운 수익 모델과 데이터 기반 경영 전략

스마트 바는 기술적 혁신뿐 아니라, 새로운 비즈니스 모델을 만들고 있다. AI가 수집하는 방대한 고객 데이터를 활용하면 다양한 방식으로 수익을 창출할 수 있다. 예를 들어 고객의 재방문 주기, 선호 음료, 피크타임 방문 여부 등을 분석해 VIP 멤버십 프로그램을 설계하거나, 파트너 음식점과 연계한 추천 알고리즘을 활용해 매출을 증대시킬 수 있다.

또한 제조업체에게는 스마트 바의 음료 소비 데이터를 제공하는 새로운 B2B 서비스도 가능하다. AI는 특정 맥주의 소진 속도, 고객의 반응, 지역별 선호도 등 실시간 데이터를 제공해, 양조장에 실질적인 제품 개선 정보와 마케팅 인사이트를 제공한다. 이는 단순 소매 채널이 아닌 '데이터 생산 플랫폼'으로서 스마트 바의 가치를 부각시킨다.

AI 기반의 마케팅 자동화 기능도 주목할 만하다. 예컨대 특정 제품의 재고가 남았을 경우, AI는 과거 해당 제품을 선호한 고객 목록을 추출하고, 알림 메시지를 자동 전송해 구매를 유도한다. 이는 재고 회전율을 높일 뿐만 아니라, 고객의 만족도도 함께 향상한다.

일부 스마트 바는 AI 기반 동적 가격 책정(Dynamic pricing)을 도입하고 있다. 날씨, 혼잡도, 재고 상황에 따라 맥주의 가격이 실시간으로 조정되며, 고객은 앱으로 시간대별 할인 정보를 받아볼 수 있다. 이는 수익 극대화는 물론, 유휴 시간대 매출 활성화에도 효과적이다. 예를 들어 캘리포니아의 푸어탭룸(Pour Taproom)은 금요일 저녁 시간대에는 가격이 소폭 상승하고, 월요일 오후

시간대에는 반값 이벤트가 자동으로 적용되는 구조를 운영한다.

스마트 바는 단지 기술의 집합이 아니라, 고객 맞춤형 경험, 효율적 운영, 데이터 기반 마케팅이 결합된 종합 플랫폼이다. 향후에는 AR(증강현실) 기술과의 융합, AI DJ가 선곡하는 음악 서비스, 홀로그램 바텐더까지 등장할 가능성도 제기되고 있다.

스마트 바는 맥주 산업을 넘어, 전체 F&B 산업의 미래를 상징하는 모델로 자리매김하고 있다. 이 장에서 살펴본 스마트 바는 이제 시작 단계이지만, 그 가능성은 무한하다. 기술은 계속 진화하고 있으며, 소비자는 점점 더 정교하고 감성적인 서비스를 원한다. 그 접점을 AI가 만들어가고 있다.

글로벌 스마트 바 시장의 성장과 경쟁 동향

스마트 바 기술의 확산은 세계 각지에서 활발히 이루어지고 있다. 미국, 일본, 유럽뿐 아니라 동남아시아, 중동 지역에서도 자동화 주류 서비스에 대한 수요가 급증하고 있다. 특히 관광업이 발달한 지역은 무인 시스템이 언어 장벽과 문화적 차이를 효과적으로 완충해주는 역할을 한다. 태국 방콕의 한 AI 바는 영어, 태국어, 중국어,

일본어를 함께 지원하는 다국어 인터페이스를 제공해 관광객 편의를 크게 향상했다.

중동 지역의 두바이와 카타르에서 AI 바가 고급 호텔 및 공항 라운지에 도입되고 있다. 특히 두바이의 사막 리조트는 사막의 날씨, 온도, 고객의 피부 상태까지 분석해 수분 함량이 높은 칵테일이나 에너지 드링크를 제안하는 기능이 시범 운영 중이다. 이는 스마트 바가 단순한 유흥 공간을 넘어 건강, 웰빙, 개인 맞춤형 음료 제안까지 수행할 수 있음을 시사한다.

중국은 특히 무인 바 및 QR 기반 스마트 자동판매기의 확산 속도가 빠르다. 알리바바 산하의 슈퍼마켓 체인 허마(Hema, 盒马鲜生)는 매장 내에 AI 바를 설치해, 식사 중 실시간으로 맥주를 주문하고 서빙을 받도록 지원하고 있다. 중국 내 50개 도시에서 테스트를 마쳤으며, AI가 수집한 고객 취향 데이터는 향후 자체 브랜드 맥주 개발에도 활용된다.

유럽 시장은 '윤리적 소비'와 '로컬 브랜드 보호' 측면에서 기술 도입이 다소 신중하게 이루어진다. 독일과 프랑스의 일부 크래프트 맥주 바는 AI 기술을 제한적으로 사용하면서, 고객 데이터 보호와 지역문화 보존을 우선시하는 하이브리드 운영 방식을 채택하고 있다.

스마트 바 운영을 위한 기술 전략

스마트 바의 성공적인 운영을 위해서는 고도화한 기술 인프라와 이에 따른 안정적인 투자 계획이 필수다.

첫째, 하드웨어 측면은 내구성과 유지보수가 용이한 모듈형 구조가 권장된다. 예를 들어 일본 기업 아사히로보틱스(Asahi Robotics)는 유지보수가 간편한 분리형 음료 모듈을 개발해, 바 운영자의 정비 부담을 줄였다.

둘째, 소프트웨어 측면은 실시간 모니터링과 원격 제어 기능이 중요하다. 서울의 한 프랜차이즈 스마트 바는 전국 32개 매장을 중앙 서버에서 통합 관리하며, 서버 장애나 음료 로봇의 이상 신호가 감지될 경우 자동으로 백업 프로세스가 가동되는 시스템을 구축했다.

셋째, 클라우드 기반 데이터 분석 플랫폼과의 연동도 중요하다. AI가 수집한 데이터는 클라우드에 실시간 저장되고, 이를 기반으로 한 마케팅, 재고 계획, 신제품 개발 전략이 자동 수립된다. 구글 클라우드, AWS, MS 애저 등 글로벌 플랫폼이 경쟁적으로 스마트 바 전용 데이터 분석 API를 제공하고 있는 이유도 여기에 있다.

넷째, 투자 회수 전략(ROI)은 초기 투자비 회수를 단순 매출 증가뿐 아니라 운영 효율성과 인건비 절감, 데이터 수익화까지 종합적으로 고려해야 한다. 일부 스마트 바는 AI 추천 기술을 제3자 마케팅 플랫폼에 라이선스 제공해 추가 수익을 창출하고 있다.

교육, 관광, 이벤트 산업과의 융합 가능성

스마트 바는 단순한 음료 서비스 이상의 가능성을 지니고 있다. 예를 들어 관광 산업과의 융합 사례로 'AI 맥주 체험관'이 있다. 체험관에 들어온 고객은 자신만의 레시피를 입력하고, AI가 즉석에서 맥주를 제조한다. 체험 종료 후 해당 레시피는 QR코드로 저장되어, 고객은 자신의 '개인 맥주'를 나중에 주문하거나 SNS에 공유할 수 있다.

이러한 체험형 스마트 바는 대학 캠퍼스, 박람회, 테마파크 등에서 각광받으며, 맥주 교육 콘텐츠와 결합해 소비자 교육 채널로도 발전 중이다. 런던의 킹스칼리지(King's College)는 캠퍼스 내 연구용 스마트 바를 설치해 데이터 사이언스와 식품공학 수업에 실습 플랫폼으로 활용하고 있다.

또한 콘서트, 축제, 스포츠 경기장 등 이벤트 현장에서의 활용도 증가하고 있다. 대규모 인파가 몰리는 행사장에서 스마트 바는 빠르고 일관된 서비스 제공이 가능하며, 고객 행동 데이터로 향후 행사 기획에도 기여할 수 있다. 2022년 카타르 월드컵에서는 특정 구역 내에서 AI 바가 3분마다 평균 1.2잔의 맥주를 자동 제조해 제공한 사례가 있다.

감성과 기술이 공존하는 미래의 바

스마트 바는 기술이 인간의 감성을 대체하는 것이 아니라, 그것을 보완하고 확장하는 방향으로 발전하고 있다. AI는 고객의 기호를 이해하고, 기분에 맞는 제안을 하며, 운영자는 데이터로 더 나은 서비스 전략을 설계할 수 있다. 이는 단순한 기술의 문제를 넘어, 새로운 형태의 인간-기계 협업이자, 감성 기반 브랜드 경험의 진화다.

앞으로 스마트 바는 더 이상 선택이 아닌 필수가 될 가능성이 높다. 특히 맥주 산업처럼 고객 경험이 중요한 분야는 AI와 자동화 기술이 브랜드 차별화의 핵심 요소다. 물론 기술 도입에 따른 윤리, 개인정보 보호, 지역문화의 존중 등도 함께 고민해야 할 중요한 과제다.

결론적으로 스마트 바는 기술, 경험, 효율성, 지속가능성이라는 4가지 축 위에서 발전하고 있으며, 이 네 가지가 조화롭게 작동할 때 비로소 고객과 시장의 신뢰를 얻을 수 있다. AI와 함께하는 바의 풍경은 이제 상상이 아니라, 가까운 미래의 일상이 되고 있다.

참고문헌

BBC(2020.9.25). Singapore in world first for facial verification. https://www.bbc.com/news/business-54266602

Diageo Bar Academy(2023). Three cocktail ingredients of the future. https://www.diageobaracademy.com/en-zz/home/cocktail-trends-and-festive-serves/three-cocktail-ingredients-of-the-future

Shibuya, M.(2003). Article handling system and method. US Patent US20030118487A1. https://patents.google.com/patent/US20030118487A1/en

07
비어테크와 소비자 경험: AI가 만든 새로운 맥주 문화

비어테크는 소비자의 취향과 감정을 분석해 맞춤형 맥주를 제안하고, AR · VR 기술과 커뮤니티 플랫폼으로 공유되고 연결되는 소비 경험을 만든다. AI가 맥주 문화를 감성적이고 지속 가능하게 재편하는 과정을 다룬다.

AI와 윤동주?

개인화를 넘어 감성 중심으로

비어테크(BeerTech)의 본질적인 변화는 '누가 주도하는가'에 있다. 과거에는 제조자가 제품을 설계하고 소비자는 선택만 하는 구조였다면, 이제는 소비자의 행동과 취향, 그리고 감정까지 데이터로 분석되어 제품 개발과 유통, 마케팅 전 과정에 직접적인 영향을 미친다. 주도권이 제조자에서 소비자로 이동하고 있는 것이다.

이러한 변화는 단순한 취향 반영을 넘어서, 정서적 동기와 상황적 조건까지 고려한 맞춤형 경험을 가능하게 한다. 이를 가능하게 하는 핵심 기술이 바로 AI다. AI는 소비자의 구매 이력, 맛 선호, 시간대, 위치, 날씨, 기분 상태 등을 종합적으로 분석해 맥주 추천은 물론, 보관 온도나 탄산 수준까지 조정 가능한 시스템을 만든다.

영국의 스타트업 인텔리전트X는 고객 피드백을 AI에 입력해 실시간으로 맥주 레시피를 조정하는 '대화형 맥주 개발 모델'을 운영하고 있다. 앱 사용자들은 "쓴맛을 줄이고 향은 더 강하게" 같은 피드백을 남기면, AI는 이를 기반으로 다음 생산 배치의 레시피를 개선한다. 이런 방식은 단순한 대중화 제품이 아닌, 소비자 각각의 입맛을 겨냥한 초개인화 전략의 일환이다.

더 나아가 일본 기업 애모션(AEmotion)은 생체 데이터를 활용해 소비자의 감정 상태를 반영한 맥주 추천 서비스를 제공한다. 스마트워치로부터 수집된 심박수, 수면 시간, 스트레스 지수를 바탕으로, AI는 '오늘 기분에 맞는 맥주'를 제안한다. 예를 들어 하루 종일 회의로 피로한 직장인에게는 달콤한 밀맥주를, 기분 전환이 필요한 경우엔 홉의 향이 진한 IPA를 권한다. 이는 맥주가 단순한 음료가 아니라 '감정 회복 도구'로 소비되는 새로운 맥락을 보여 준다.

이러한 정교한 분석과 피드백은 단지 기계적인 추천에 그치지 않는다. AI는 시간의 흐름에 따라 소비자의 변화한 선호까지 감지할 수 있어, 시즌별, 생활 패턴별, 연령대별 맞춤형 제품을 지속적으로 조율할 수 있다. 마치 '나를 아는 바텐더'가 항상 옆에 있는 듯한 감각이다.

맥주 업계에서도 이러한 기술 기반 감성 맞춤화는 점점 표준화되고 있다. 일부 글로벌 브랜드는 소비자 SNS 데이터를 분석해 트렌드 키워드를 추출하고, 이를 제품 개발 초기단계부터 반영하고 있다. 트위터나 인스타그램에서 '라이트', '상쾌함', '자몽향' 같은 키워드가 증가하면, 해당 요소가 포함된 제품이 빠르게 실험적으로 배치된다.

즉, 비어테크는 데이터를 수집하고 활용하는 데 그치

지 않고, 데이터로 인간의 정서와 라이프스타일을 이해하고 반영하는 기술로 진화하고 있다. 단순히 '좋아할 것 같은 맥주'를 추천하는 것이 아니라, '지금 이 순간 나에게 필요한 맥주'를 제안하는 것이 핵심이다. 기술이 감정을 읽고, 감정이 다시 제품을 만드는 순환 구조가 완성되어 가고 있는 것이다.

연결되고 공유되는 맥주 경험

비어테크가 소비자에게 제공하는 두 번째 중요한 변화는 맥주를 둘러싼 '연결의 경험'을 강화한다는 점이다. 단지 제품을 소비하는 것을 넘어, 맥주를 함께 마시는 사람들, 관련된 콘텐츠, 브랜드 커뮤니티와 디지털 기반으로 연결되고 교류하는 체계를 만들어 주고 있다.

대표적인 예시로 캐나다의 크래프트매치(CraftMatch) 플랫폼은 소비자의 미각 프로필을 AI로 분석한 후, 취향이 비슷한 사람들을 매칭해주는 서비스를 제공하고 있다. 이 서비스는 단순히 '좋아할 만한 맥주'를 추천하는 데 그치지 않고, 비슷한 입맛을 가진 사람들이 서로 교류하고, 취향을 나누고, 함께 시음회를 진행할 수 있도록 돕는다. 오프라인 만남도 연계되며, 같은 맥주를 함께 시음하고 이야기를 나누는 것이 플랫폼의 핵심 가치다.

이와 같은 디지털 기반 연결은 단순히 소비를 넘어, 맥주를 중심으로 한 경험과 취향의 사회적 공유로 확장되고 있다. 소비자들은 이제 혼자 마시지 않는다. 온라인 커뮤니티, 실시간 피드백, 리뷰 공유, 디지털 이벤트 등으로 타인과 '함께 마시는' 경험을 만들어 간다.

AR 및 VR 기술도 맥주 소비자 경험을 획기적으로 바꾸고 있다. 독일의 홉뷰(HopView)는 맥주병 라벨에 AR 기능을 삽입해, 소비자가 스마트폰 카메라로 병을 스캔하면 맥주의 원산지, 양조장의 모습, 추천 음식 등 관련 정보가 실시간으로 재생된다. 이는 소비자에게 단순한 제품 이상의 스토리와 배경, 감각적 체험을 제공한다.

스웨덴의 노르딕센스(NordikSense)는 VR 테이스팅룸을 구축했다. 사용자는 집에서 VR 헤드셋을 착용한 채 가상 공간에 마련된 양조장 투어에 참여하고, 실제 배송된 맥주를 시음하면서 전문가와 실시간으로 피드백을 나눈다. 팬데믹 이후 이러한 '가상 시음회'는 오히려 전 세계 소비자에게 새로운 유형의 글로벌 경험을 제공하는 기회가 되었다.

미국의 수제 맥주 브랜드인 뉴벨지엄브루잉(New Belgium Brewing)은 소비자 참여를 바탕으로 한 제품 개발 방식을 운영하고 있다. 소비자는 온라인 투표를 통해 선호하는 홉의 종류, 알코올 도수, 맛의 방향성을 직접 선택할 수 있으며, 이 결과는 실제 한정판 IPA 레시피에 반영된다. 개발 전 과정은 투명하게 공개되며, 최종 제품은 투표에 참여한 소비자 이름이 포함된 형태로 출시되기도 한다. 이러한 협업 방식은 소비자를 단순한 구매자가 아닌 브랜드의 공동 창작자로 끌어들이는 효과를 만든다(Forbes, 2020).

맥주 경험의 연결은 이제 온라인에서 그치지 않는다. AI 기반 오프라인 서비스도 증가하고 있다. 서울, 암스테르담, 뉴욕 등은 AI가 분석한 소비자 데이터를 기반으로 실시간 행사 추천, 오프라인 시음회 매칭, 바 좌석 추천 서비스까지 확장되고 있다. 소비자는 '나에게 맞는 자리에 앉고', '내 취향에 맞는 사람과 만나' 맥주를 마시게 되는 경험을 한다.

이러한 변화는 비어테크가 소비자를 데이터로 이해하는 것을 넘어, '함께 체험하고, 함께 참여하고, 함께 공유하는 구조'로 발전하고 있음을 의미한다. 맥주는 더 이상 혼자 마시는 음료가 아니다. AI는 그 맥주를, 누군가와 함께 나누고, 함께 공감하는 커뮤니티의 매개체로 바꾸고 있다.

책임감 있는 소비와 지속 가능한 문화 형성

비어테크의 세 번째 핵심 축은 '지속 가능성'과 '책임 있는 소비'에 있다. 기술이 단지 소비의 속도와 편의를 높이는 데 그치지 않고, 환경, 윤리, 사회적 가치에 대해 소비자가 더 주체적으로 판단할 수 있도록 돕는 역할을 하는 것이다.

환경적 지속 가능성에서 비어테크는 맥주 한 병이 만들어지기까지 발생하는 자원 소모와 탄소 배출을 정량적으로 가시화한다. 스웨덴의 그린비어(GreenBeer)는 맥주 제품마다 탄소 발자국, 물 사용량, 패키지 재활용률 등을 계산해 '친환경 점수'를 앱으로 제공한다. 소비자는 이 점수를 기준으로 자신의 가치관에 맞는 제품을 선택할 수 있으며, 친환경 소비에 대한 디지털 배지, 리워드도 획득할 수 있다.

이 정보는 단지 '알려주는 데'서 그치지 않는다. AI는 소비자의 이전 구매 내역을 바탕으로 친환경 선택의 비율을 기록하고, 매달 '환경 기여 리포트'를 자동 생성해 피드백을 제공한다. "이번 달 당신의 맥주 소비는 일반 소비자 대비 27% 더 적은 탄소를 발생시켰습니다" 같은 메시지는 소비자 스스로의 행동에 대한 자부심과 지속 동기를 부여한다.

유통 과정의 폐기물 절감도 중요한 축이다. 남아프리카공화국의 케이프브루(CapeBrew)는 AI 예측 시스템을 활용해 대형 이벤트 이후 남을 맥주 수량을 미리 산정하고, 이를 지역 푸드뱅크와 연결해 기부 일정까지 자동으로 조율한다. 이러한 시스템은 폐기율을 약 40% 감소시키는 한편, 사회적 기여와 지역사회 신뢰도를 함께 높이고 있다.

프라이버시 보호와 기술 윤리 측면도 주목해야 할 변화다. 독일의 프리브비어(PrivBier)는 AI 추천 알고리즘이 클라우드가 아닌 사용자의 스마트폰 내부에서 작동하게 설계해, 사용자의 개인 데이터를 외부로 전송하지 않는다. 이는 데이터 시대에 소비자가 자신의 정보를 통제할 수 있어야 한다는 '디지털 주권' 개념에 부합한다.

마지막으로, 비어테크는 지역 문화 보존과 윤리적 생산 방식의 균형도 강조한다. 멕시코의 라이즈아가베(RaizAgave)는 지역 고유의 블루아가베 전통 발효법을 지키면서, 온도 유지와 발효 추이만 AI로 조정한다. "전통을 지키되 기술로 지원한다"는 이 철학은, 많은 소비자에게 '기술이 전통을 존중하는 방식'이 될 수 있음을 보여준다.

결국 비어테크는 맥주 산업의 미래를 환경적으로, 윤

리적으로 책임 있게 설계하는 도구다. 단순히 기술을 사용하는 것이 아니라, 그 기술로 보다 나은 소비, 더 나은 브랜드 관계, 그리고 지속 가능한 문화를 만들어 가고 있다. 소비자는 이제 맛과 가격을 넘어, "어떤 가치와 함께 맥주를 마실 것인가"를 선택하는 시대에 살고 있다.

참고문헌

Brew Zoom Charlotte(2017.12.18). Craft Beer Meets Artificial Intelligence. Medium. https://medium.com/@brewzoomclt/craft-beer-meets-artificial-intelligence-d506fd0f5b1

Filloon, W.(2016.7.8). Can Artificial Intelligence Brew Better Beer? Eater. https://www.eater.com/2016/7/8/12128158/beer-intelligentx-facebook-chat-bots-ai

Price, E.(2020.9.20). New Belgium wants you to help it choose its next limited edition IPA. *Forbes.* https://www.forbes.com/sites/emilyprice/2020/09/20/new-belgium-wants-you-to-help-it-choose-its-next-limited-edition-ipa

Verstrepen, K. & Schreurs, M. (2024). AI predicts the taste and quality of beer. *Yumda.* https://www.yumda.com/en/news/1183097/ai-predicts-the-taste-and-quality-of-beer.html

08
AI와 지속 가능성: 환경 친화적인 맥주 생산

맥주 산업은 에너지 효율, 원재료 절감, 탄소 감축, 친환경 물류·포장, 정보 투명성 강화를 통해 지속 가능성을 높이고 있다. 전 과정의 AI를 활용한 기술 혁신은 책임 소비와 친환경 생산을 촉진한다.

AI와 한의학?

비어테크의 지속 가능한 전환

21세기 맥주 산업의 가장 중대한 화두 중 하나는 '지속 가능성'이다. 물 사용량, 에너지 소비, 포장재 폐기, 탄소 배출 등 맥주 제조와 유통의 전 과정은 환경에 직간접적으로 영향을 미친다. 이와 동시에 소비자들의 가치 소비 경향이 높아지고, 환경을 고려한 브랜드에 대한 충성도 또한 높아지고 있다. 이러한 흐름 속에서 맥주 산업은 단지 '맛있는 맥주'를 만드는 것을 넘어, '지속 가능한 맥주'를 어떻게 만들 것인가에 대한 질문에 직면하게 되었다.

비어테크(BeerTech), 즉 맥주 산업의 기술 융합은 단순한 생산 자동화와 소비자 맞춤화에 머무르지 않는다. 이제 AI는 생산 공정에서 에너지를 효율적으로 사용해, 탄소 배출을 줄이며, 물류 과정에서 낭비를 줄이고, 소비자가 더 환경 친화적인 제품을 선택하도록 돕는 데까지 그 영역을 확장하고 있다.

AI 기술이 맥주 산업의 지속 가능성 확보에 어떻게 기여하고 있으며, 실제로 어떤 기업들이 이를 실현해가고 있는지 다양한 측면에서 살펴본다. 또한 비어테크의 확장이 개인의 소비 방식, 기업의 운영 전략, 지역사회의 생태계에 어떤 변화를 가져오는지를 조망한다.

에너지 효율화를 위한 AI 기술 도입

맥주 생산 공정은 본질적으로 높은 에너지 집약적인 산업 구조를 갖고 있다. 양조, 발효, 냉각, 병입, 세척 등 각각의 단계는 전기, 가스, 온수 등 다양한 에너지원을 필요로 하며, 이로 인한 운영 비용은 물론 환경 부담도 크다. 특히 대규모 양조장의 경우, 냉각 설비와 압축 공기 시스템이 전체 에너지 소비의 30~40%를 차지하는 경우도 많다.

이러한 구조에서 AI 기술 도입은 에너지 사용의 최적화라는 매우 구체적이고 즉각적인 효과를 가져온다. 대표적인 예는 예측 유지보수 시스템과 에너지 소비 분석 시스템의 도입이다. AI는 생산설비에 부착된 센서로 실시간 데이터를 수집하고, 이를 바탕으로 최적의 작동 조건을 도출해, 불필요한 가동이나 과잉 냉각을 방지한다.

덴마크의 칼스버그는 발효 탱크의 온도 조절을 위한 AI 기반 제어 시스템을 도입해 연간 약 12%의 냉각 에너지를 절감했다. AI는 외부 온도, 발효 속도, 맥주의 종류에 따라 실시간으로 냉각 장비를 조절하며, 사람의 개입 없이 최적의 발효 환경을 유지한다. 또 발효 속도와 온도 간의 상관관계를 데이터로 축적해 향후 제품 개발 시에도 응용하는 정보를 생성한다.

미국의 몰슨쿠어스(Molson Coors)는 스마트 공장에서 AI 기반 설비 제어 시스템을 도입해 주요 에너지 소모 장비들의 사용 시간, 부하 패턴, 온도 변화 등을 실시간으로 분석하고 있다. 이를 통해 장비 간 에너지 부하의 균형을 유지하며, 전체적인 소비 전력의 최대 피크 시간을 낮추는 데 성공했다. 그 결과 에너지 비용이 연간 8~10%가량 감소하였고, 온실가스 배출량도 절감되었다.

AI는 냉각 장비 외에도 조명, 보일러, 세척 시스템의 에너지 효율화에도 기여하고 있다. 독일의 한 중소 양조장은 AI 기반 조명 제어 시스템을 도입해, 작업자의 위치와 움직임, 자연광 유입량 등을 감지해 필요시에만 조명이 켜지도록 설정했다. 이러한 시스템은 에너지 절약뿐 아니라, 작업자의 안전성과 만족도까지 향상했다.

결국 AI는 단지 자동화의 도구를 넘어서, 데이터 기반의 '에너지 경영 파트너'로 자리 잡고 있다. 맥주 산업에서의 이러한 AI 활용은 에너지 효율화를 넘어, 생산성과 지속 가능성, 그리고 비용 경쟁력을 동시에 확보하는 핵심 수단으로 작동하고 있다.

원재료와 자원 사용의 최적화

지속 가능한 맥주 생산의 또 하나의 축은 원재료의 사용 효율성에 있다. 맥주 제조에는 맥아, 홉, 물, 효모 등 주요 자원이 사용되며, 이들은 각각 생산 환경, 농업 조건, 저장 방식에 따라 품질과 수급 상황이 크게 달라질 수 있다. 특히 최근 기후 변화로 인한 농산물 수급 불안정은 맥주 산업의 원가 구조와 생산 일정에 중대한 영향을 미치고 있다.

AI 기술은 이러한 자원 수급의 불확실성을 줄이고, 한정된 자원을 효과적으로 사용하는 데 기여하고 있다.

첫째, 농업 데이터 분석으로 작황 예측과 수확 시기를 최적화할 수 있다. 독일의 한 홉 생산 협동조합은 AI 모델을 활용해 위성 기상 자료, 토양 수분 센서, 과거 생산 데이터를 종합 분석해, 홉의 수확 시기를 하루 단위로 정밀하게 조정하고 있다. 이로 인해 홉의 품질 안정성이 향상되었고, 연간 약 6%의 생산 손실이 줄었다.

둘째, AI는 맥주 생산 과정에서의 투입량 계산에도 큰 도움을 준다. 다양한 종류의 맥아와 홉을 혼합해 사용하는 복잡한 공정은 정확한 비율 계산이 품질을 좌우하는 요소다. AI는 과거 레시피와 생산 결과 데이터를 학습해, 목표한 풍미와 알코올 도수를 달성하기 위한 최적의 배합을 제안한다. 영국의 한 크래프트 브루어리는 AI 기반 배합 시스템으로 홉의 사용량을 평균 8% 절감하면서도 동일한 향미 수준을 유지할 수 있었다.

셋째, 저장과 폐기 과정에서도 AI는 자원 손실을 줄인다. 스마트 센서와 연동된 AI는 저장고 내 습도, 온도, 산소 농도를 실시간으로 분석해 원재료의 변질 가능성을 사전에 경고하고, 이를 기반으로 재고 회전율을 조정한다. 일본의 한 대형 양조장은 이 기술로 맥아 저장 중 발생하는 변질률을 15% 감소시켰다. 이는 단순히 원가 절감 이상의 의미를 가지며, 식량 자원의 낭비를 줄이고, 더 넓은 범위의 환경 보호에도 기여한다.

마지막으로, 폐기물의 자원화에서도 AI는 핵심 역할을 하고 있다. 발효 후 남는 맥아 부산물은 전통적으로 사료나 비료로 활용되지만, 최근에는 이를 다시 효율적으로 분류해 식품 성분, 바이오에너지 원료 등으로 재가공하려는 시도가 많아지고 있다. 미국의 스타트업 리그레인(ReGrain)은 AI 기반 분류 기술을 활용해 양조 부산물을 고단백 저탄수화물 식품 원료로 재활용하고 있다. 이 기술은 맥주 1000리터 당 평균 20kg의 부산물을 식품 등급으로 전환할 수 있도록 돕는다.

결국 원재료와 자원의 최적화는 생산의 비용 효율성뿐만 아니라, 농업-산업-환경을 연결하는 순환 구조 형성에도 기여한다. AI는 이러한 구조를 실현하는 데 있어 핵심적인 연결 고리로 작동하고 있다.

생산 공정에서의 탄소 감축 전략

탄소 감축은 기후 위기 시대에 있어 모든 산업의 공통된 과제이며, 맥주 산업도 예외는 아니다. 맥주 제조 공정은 발효, 냉각, 병입, 운송 등 다양한 단계에서 이산화탄소(CO_2)와 메탄(CH_4), 질소산화물(NO_x) 같은 온실가스가 발생한다. 특히 전통 양조 시설은 전력과 연료 사용으로 제조 과정 중 막대한 탄소가 배출되며, 이는 기업의 지속 가능성 평가지수에도 직접적인 영향을 미친다.

AI는 이러한 탄소 배출을 감축하는 데 있어 매우 정밀하고 지속 가능한 솔루션을 제공한다.

첫 번째는 에너지원을 사용하는 방식의 최적화다. AI는 실시간 데이터를 수집해 설비 간 부하 분산을 조절하고, 피크 시간의 에너지 집중 사용을 피하면서 전체 생산성을 유지하도록 설계된다. 예컨대, 네덜란드의 한 양조장은 AI로 전기 보일러와 열 회수 장치의 작동 시간대를 자동 조정해 전력 사용량을 18% 줄였고, 연간 탄소 배출량을 약 200톤 감축하는 데 성공했다.

두 번째는 CO_2의 직접적인 재활용과 포집 기술이다. 발효 과정 중 생성되는 이산화탄소는 기존에는 대부분

대기로 방출되었지만, 최근에는 이를 저장해 이후 공정이나 탄산주입 공정에 재사용하는 기술이 도입되고 있다. 덴마크의 칼스버그는 발효조에서 발생한 CO_2를 자동 포집하고, 병입 시 다시 사용해 연간 약 1000톤의 이산화탄소 사용을 줄였다. AI는 이 과정에서 온도와 압력 조건을 자동 제어해 포집 효율을 극대화하고, 탄산 주입 단계에서도 최적의 농도를 유지할 수 있도록 조정한다.

세 번째 전략은 전체 공정에서 탄소 배출을 추적하고, 이를 정량화하는 것이다. AI 기반의 탄소 회계 시스템은 각 설비에서 발생하는 에너지 소비와 온실가스를 정밀 측정하고, 실시간 탄소 대시보드를 운영한다. 이를 통해 생산자는 공정 단계별로 탄소 집약적인 부분을 확인하고, 집중 개선할 수 있다. 일부 시스템은 외부 보고용 ESG(환경 · 사회 · 지배구조) 리포트까지 자동 생성해, 기업의 지속 가능성 커뮤니케이션에도 기여하고 있다.

또한 AI는 탄소 감축 목표를 달성하기 위한 '시뮬레이션 실험'에도 활용된다. 다양한 생산 시나리오를 가정하고, 각 시나리오에 따른 예상 탄소 배출량, 비용 변화, 제품 품질의 변화를 미리 예측해, 기업은 가장 현실적이면서도 지속 가능한 운영 방식을 사전에 검토하고 적용할 수 있다.

결국 탄소 감축은 단기적으로는 비용 절감, 장기적으로는 브랜드 평판과 투자 유치 능력에 직접 영향을 미친다. 비어테크는 이처럼 AI 기술로 제조 현장의 탄소 흐름을 시각화하고, 전략적 의사결정을 가능하게 하며, 환경과 비즈니스의 균형을 맞추는 실질적 해법을 제시하고 있다.

지속 가능한 유통과 포장 기술

맥주 산업에서 유통과 포장 부문은 전체 탄소 발자국의 상당 부분을 차지한다. 원재료의 수급부터 완제품의 배송, 최종 소비자에 도달하기까지 이어지는 복합적인 물류 과정은 물리적 거리, 수송 수단, 재고 관리 방식 등에 따라 환경에 미치는 영향이 달라진다. 또한 포장재는 다량의 플라스틱, 유리, 알루미늄을 포함하고 있으며, 이들 중 상당수는 재활용되지 못한 채 폐기된다. 이러한 현실은 AI 기술을 통한 유통 효율화와 포장 재설계가 왜 중요한지를 잘 보여 준다.

첫째, AI는 공급망 전체를 통합 관리하며 불필요한 운송을 줄이고 있다. AI 기반의 수요 예측 시스템은 날씨, 지역 행사, 판매 패턴, 교통 상황 등의 데이터를 분석해 물류 계획을 최적화한다. 일본의 대형 유통사 삿포로로

지스틱스(Sapporo Logistics)는 AI로 계절별 맥주 소비량을 예측하고, 창고-소매점 간 배송 빈도와 물량을 탄력적으로 조절한다. 그 결과 연간 물류 운행 거리가 15% 단축되었고, 관련 연료 사용과 탄소 배출도 함께 줄어들었다.

둘째, 라스트마일 배송의 효율화에도 AI가 기여하고 있다. AI는 배송 경로와 시간대, 차량의 실시간 위치와 연료 소비를 분석해 최적 경로를 산출하며, 전기차나 하이브리드 차량을 우선 배정하는 알고리즘도 운용된다. 이는 친환경 수송 수단의 활용률을 높이고, 도심 내 배출가스 저감을 가능케 한다. 최근 네덜란드의 한 스마트 유통업체는 AI 기반 경로 최적화로 도심 내 배출가스를 22% 줄이고, 배달 시간은 평균 18분 단축시켰다.

셋째, 포장 분야에서도 AI는 재료의 선택과 구조 설계에 혁신을 가져오고 있다. 미국의 수제 맥주 브랜드 시에라네바다(Sierra Nevada)는 AI 기반 포장 설계 소프트웨어를 도입해, 최소한의 재료로 가장 안전하고 기능적인 패키지를 설계했다. 이로 인해 포장용 플라스틱 사용량이 27% 줄었으며, 전체 물류 비용 역시 연간 수백만 달러 이상 절감되었다. 또한 일부 브랜드는 AI로 수집한 소비자 피드백을 바탕으로 친환경 포장 디자인을 개선하고 있다. 예를 들어 캐나다의 에코브루(EcoBrew)는 소비자 리뷰와 소셜 미디어 언급을 분석해 '열기 쉬움', '재활용 가능성', '미적 가치' 등 다양한 요소를 반영한 맞춤형 디자인을 생성하고 있다. 이는 브랜드 친화도를 높이는 동시에 환경 메시지를 전달하는 이중 효과를 얻고 있다.

마지막으로, 순환 포장 시스템도 AI와 결합해 고도화되고 있다. 독일과 스위스 일부 지역은 빈 맥주병과 캔을 회수해 재사용하는 시스템이 존재하며, AI는 회수율을 분석하고, 세척 주기와 재사용 가능 여부를 자동 판별한다. AI는 병의 마모도, 인쇄 라벨 상태, 내부 잔류물 여부 등을 이미지 분석 기술로 판별해 효율적인 자원 순환 구조를 지원한다.

이처럼 AI는 단순한 유통 효율화가 아니라, 유통과 포장 전반에 걸친 탄소 발자국 감소, 자원 절감, 브랜드 이미지 개선을 동시에 추구할 수 있게 한다. 지속 가능한 유통과 포장은 이제 비어테크 시대의 경쟁력이자, 소비자가 브랜드를 선택하는 또 하나의 기준이 되고 있다.

참고문헌

Scott, A.(2024.7.19). Sustainability and AI: How Heineken Uses Technology to Meet Net Zero Targets. Supply Chain 360.

https://supplychain360.io/sustainability-and-ai-how-heineken-uses-technology-to-meet-net-zero-targets/

Stoller, G.(2024.10.21). Artificial Intelligence May Be Transforming The Brewing Industry. *Forbes.* https://www.forbes.com/sites/garystoller/2024/10/21/artificial-intelligence-may-be-transforming-the-brewing-industry/

Zevero(2025.3.19). 'Zevero Lite' Tool Launched to Help Independent Breweries Reach Net Zero. https://www.zevero.earth/press-releases/zevero-lite-siba

09
미래 전망:
비어테크의 발전과 맥주 산업의 변화

AI의 발전은 맥주 제조 기술을 혁신하고, 글로벌 시장에서 맞춤형 생산과 유통을 가능하게 하며, 소비자를 단순한 수용자가 아닌 참여자로 전환시킨다. 비어테크는 기술, 비즈니스, 문화 전반을 재구성하며 지속 가능한 산업 미래를 이끈다.

AI와 화장품?

AI 기술의 진보와 양조 기술의 융합

맥주 산업의 미래를 전망할 때, 가장 중심인 요소는 기술의 진보다. 특히 AI는 단순히 제조 공정을 자동화나 효율화 수준을 넘어, 점차 '창조'의 영역으로 진입하고 있다. 과거 브루마스터의 감각과 경험이 양조의 핵심이었다면, 이제는 데이터 기반 알고리즘이 맛의 정의에 도전하고 있다. 이 변화는 맥주라는 전통 산업의 본질적 정체성을 다시 묻고 있다.

AI 기술은 빠른 속도로 발전하고 있으며, 특히 생성형 AI, 강화학습, 에지 컴퓨팅 기술이 양조 산업에 도입되고 있다. 생성형 AI는 소비자 리뷰나 레시피 데이터를 기반으로 새로운 맥주 레시피를 설계해, 미국과 영국의 일부 크래프트 브루어리는 실제 상용 제품으로 이어지고 있다. 이 AI는 단순히 기존 데이터를 분석하는 데 그치지 않고, '이런 맛은 어떨까'와 같은 창의적 조합을 제안하는 수준에 도달하고 있다.

강화학습 기반 AI는 실제 양조 설비의 가동 조건을 반복 학습하며, 시간이 지날수록 생산성과 품질을 동시에 높이며 진화하고 있다. 이는 마치 브루마스터가 여러 해 동안 시행착오로 터득한 노하우를, AI가 수개월 만에 재현하는 셈이다. 캐나다의 한 양조장은 강화학습 AI가 제안한 발효 조건을 수용한 결과, 생산 효율이 18% 향상되었다는 데이터를 발표하기도 했다.

에지 컴퓨팅의 도입도 주목할 만하다. 클라우드 기반의 중앙 서버가 아닌 현장 단말에서 실시간 데이터 처리와 제어가 가능해지면서, 작은 로컬 브루어리도 저렴한 비용으로 AI 솔루션을 활용할 수 있게 되었다. 이 기술은 데이터 전송 지연을 줄여 정교한 공정 제어가 가능하게 하며, 특히 발효 및 품질 유지에 민감한 맥주 제조에 있어 매우 큰 잠재력을 갖는다.

향후 AI는 단순한 도구가 아니라, 브루어리의 공동 창작자(Co-Creator)가 될 가능성도 있다. AI가 제안한 레시피와 사람이 설계한 레시피를 블라인드 테스트하는 프로젝트에서, AI가 설계한 레시피가 소비자에게 더 높은 만족도를 주는 사례도 보고되고 있다. 이처럼 인간과 AI의 협업은 맥주의 창의성과 다양성을 새로운 차원으로 끌어올릴 수 있다.

글로벌 시장의 변화와 비즈니스 모델 혁신

비어테크(BeerTech)의 등장은 단순한 기술 혁신을 넘어, 맥주 산업의 시장 구조와 비즈니스 모델 전반을 재편하고 있다. 전통 맥주 산업은 대규모 생산과 유통에 기반

한 중앙집중형 모델이 주를 이루었지만, AI의 도입은 이러한 흐름을 다극화하고, 보다 유연하고 데이터 중심의 비즈니스 방식으로 전환시키고 있다.

글로벌 시장은 특히 지역 기반 소규모 양조장(크래프트 브루어리)의 급성장이 두드러진다. 이들은 AI와 클라우드 기술을 활용해 초기 투자 비용을 절감하고, 소량 다품종 생산으로 다양한 소비자 니즈를 충족시킨다. 미국의 사례를 보면, AI 기반 수요 예측 솔루션을 도입한 중소 양조장은 납품 과잉을 줄이고 폐기율을 평균 20% 이상 감소시켰다. 이러한 변화는 시장의 경쟁 패턴을 대기업 중심에서 기술 기반 중소 브랜드 중심으로 재편하는 단초가 된다.

AI는 맥주 유통 시스템의 혁신을 촉진한다. 과거의 일방향 유통망은 복잡한 물류 흐름과 높은 재고 유지비를 수반했다. 그러나 AI는 판매 데이터를 분석해 수요를 예측하고, 최적화한 재고 및 배송 전략을 실시간으로 제안해 물류 효율성을 획기적으로 높인다. 네덜란드의 한 브루어리는 AI 기반 주문 예측 시스템으로 재고 회전율을 35% 향상하고, 유통비를 12% 절감했다.

이러한 변화는 맥주 산업의 글로벌 공급망에도 영향을 미친다. 기존에는 지역별 유통센터를 거쳐 전 세계에

동일한 제품을 공급하는 방식이 일반적이었지만, 이제는 현지 데이터를 바탕으로 맞춤형 제품을 현지에서 직접 제조·공급하는 분산형 구조가 확산되고 있다. 이 구조는 현지화 전략의 효율성을 극대화하며, 운송 중 탄소 배출을 줄이는 효과도 있다. AI는 각 지역의 판매 트렌드, 날씨, 문화적 요인까지 분석해 '로컬에 최적화한 글로벌 브랜드'를 가능하게 한다.

비즈니스 모델 측면에서 AI 기반의 구독형 서비스나 온디맨드(On demand) 생산 서비스도 등장하고 있다. 소비자는 앱으로 자신의 취향 데이터를 입력하면, AI가 이에 맞는 맥주를 선별하거나 맞춤형으로 제조해 정기적으로 배송하는 서비스가 미국, 일본, 호주 등지에서 시범 운영되고 있다. 이는 기존의 대량 생산-일방적 유통 모델에서 벗어나, 소비자 중심의 개인화 시장으로의 전환을 보여주는 상징적인 변화다.

또한 데이터 자체가 수익원이 되는 구조도 확대되고 있다. 일부 브루어리는 자사 고객 데이터 및 AI 분석 알고리즘을 마케팅 기업이나 식음료 스타트업에 라이선싱 형태로 제공하며, 새로운 수익 모델을 창출하고 있다. 이는 비어테크가 단순한 양조 기술을 넘어, 데이터 산업의 일부로 기능할 수 있음을 보여 준다.

향후 비어테크는 B2B 영역에서도 새로운 연계 기회를 창출할 것으로 예상된다. 예를 들어 AI 분석을 기반으로 한 '맥주 맛 진단 키트'가 외식 프랜차이즈에 보급되어, 매장 현장에서 직접 레시피를 개선하거나 소비자 반응을 실시간으로 측정하는 솔루션으로 활용될 수 있다. 또한 AI가 수집한 피드백 데이터를 바탕으로 광고 문구나 신제품 기획 전략을 자동 생성하는 시스템은, 마케팅의 효율성뿐 아니라 맥주 브랜드의 시장 적응력도 높여줄 것이다.

결론적으로 글로벌 맥주 산업은 AI와 디지털 기술을 중심으로 빠르게 재편되고 있다. 비어테크는 양조 기술을 넘어 물류, 유통, 마케팅, 심지어 데이터 비즈니스까지 확장되는 광범위한 변화의 중심에 있으며, 이는 앞으로의 맥주 산업이 기술 산업과 더욱 밀접하게 결합될 것임을 시사한다.

소비자 문화의 전환과 비어테크의 사회적 영향

비어테크가 맥주 산업에 불러온 기술적 혁신과 비즈니스 모델의 변화는 결국 소비자 문화의 전환으로 귀결된다. 기술이 아무리 정교해도 그것을 선택하고 경험하는 주체는 사람이며, 맥주라는 음료는 여전히 감성과 취향,

사회적 상호작용이 얽힌 문화적 행위이기 때문이다. AI 기술은 인간 중심의 맥주 소비문화를 더욱 섬세하고, 지속 가능하며, 참여적인 형태로 재구성하고 있다.

AI는 맥주 소비의 개인화를 넘어 '감성화'의 단계로 진화하고 있다. 예를 들어 일부 스마트 바에서 AI가 고객의 표정, 음성 톤, 착용한 스마트워치의 심박수 데이터를 기반으로 현재의 감정 상태를 파악하고, 그에 적합한 맥주를 추천한다. 피곤한 퇴근길에는 부드럽고 달콤한 흑맥주를, 활기찬 주말 저녁에는 상쾌한 시트러스 풍미의 IPA를 제안하는 식이다. 이처럼 AI는 소비자의 순간적 감정과 상황을 반영한 '감정 맞춤형 경험'을 제공하면서, 맥주를 단순한 기호식품이 아닌 감정적 동반자로 재정의하고 있다.

또한 비어테크는 소비자의 역할을 '수동적 소비자'에서 '참여자'로 확장하고 있다.

비어테크는 소비자 간 연결을 강화하는 방향으로 진화하고 있다. 캐나다의 크래프트매치(Craft Match) 플랫폼은 AI가 사용자의 취향 프로필을 분석해 유사한 미각 선호를 가진 사람들과 연결해주는 서비스를 제공한다. 이를 통해 사용자들은 함께 새로운 맥주를 시음하고 의견을 교환하며, 온라인에서 새로운 커뮤니티를 형성하게 된다. 이는 단순한 상품 추천을 넘어 '취향 기반 네트워크'라는 새로운 형태의 사회적 관계를 가능하게 한다.

더 나아가 비어테크는 지속 가능성과 윤리적 소비라는 가치와도 깊이 연결되어 있다. AI는 각 소비자의 환경 영향을 분석하고, 이에 대한 피드백을 제공해 보다 책임 있는 소비를 유도한다. 예를 들어 "이번 달 당신은 평균보다 25% 더 환경 친화적인 소비를 했습니다"라는 식의 메시지는 개인의 행동을 돌아보게 하고, 스스로 지속 가능한 소비자가 되고자 하는 동기를 부여한다. 이러한 기능은 특히 MZ세대와 같은 가치 기반 소비에 민감한 세대에게 강력한 설득력을 발휘한다.

또한 AI 기술은 포용성과 접근성을 확대하는 데에도 기여하고 있다. 예를 들어 청각 장애인을 위한 시각적 안내형 스마트 메뉴, 고령자 또는 외국인을 위한 음성 인식 다국어 주문 시스템 등은 모두 AI 기반의 기술 덕분에 가능해졌다. 이로 인해 맥주를 즐기는 공간이 보다 개방적이고 포용적인 문화 공간으로 진화하고 있다.

한편 기술 기반 소비자 문화의 확대는 사회적 책임과 데이터 윤리 문제를 동시에 제기한다. 소비자의 감정, 생체 신호, 행동 이력 등이 맥주 추천 시스템에 활용되면서, 프라이버시 보호와 투명한 데이터 사용이 중요 이슈로 부상하고 있다. 비어테크가 신뢰를 유지하기 위해서는 기술적 정교함뿐만 아니라, 윤리적 설계가 병행되어야 한다.

결국 비어테크는 단순히 기술로 더 나은 맥주를 만드는 것이 아니라, '어떻게 더 의미 있게 맥주를 소비할 것인가'라는 질문에 대한 새로운 해답을 제시하고 있다. AI는 소비자와 생산자, 개인과 공동체, 기술과 문화 사이의 경계를 허물며, 맥주라는 일상적인 소비 행위를 더 깊이 있는 사회적 경험으로 확장시키고 있다. 미래의 맥주 문화는 더욱 스마트하고, 개방적이며, 윤리적인 방향으로 진화할 것이다.

참고문헌

Brewing-AI. Brewing-AI. https://brewing-ai.com/

Bill Pfeifer(2024.1.9). The Art Of Beer … Enhanced With The Science Of Analytics And AI At The Edge. *Forbes*. https://www.forbes.com/sites/delltechnologies/2024/01/09/the-art-of-beer—enhanced-with-the-science-of-analytics-and-ai-at-the-edge/

Bernard Marr(2024.10.16). How Heineken Is Brewing Success With Generative AI. *Forbes*. https://www.forbes.com/sites/bernardmarr/2024/10/16/how-heineken-is-brewing-success-with-generative-ai/

10
비어테크의 주요 기술과 도구

비어테크는 AI 알고리즘, 스마트 센서, 로보틱스, 클라우드, 소프트웨어 도구의 유기적 통합으로 맥주 제조부터 유통, 소비자 경험까지 전 과정을 혁신한다. 이 기술 생태계는 맥주 산업의 디지털 전환을 가능하게 하는 핵심 인프라다.

종교와 AI?

맥주 산업에 특화된 AI 알고리즘의 진화

비어테크(BeerTech)가 전통 맥주 산업을 변혁시키는 중심에는 AI 알고리즘의 빠른 진화가 자리하고 있다. 초기 AI 기술은 생산 공정 자동화나 간단한 예측 모델에 국한되었지만, 오늘날에는 수많은 양조 데이터와 소비자 피드백을 실시간으로 분석하고, 창의적인 의사결정까지 돕는 수준으로 발전했다. 특히 맥주 산업에 특화된 알고리즘은 풍미 예측, 발효 조건 최적화, 품질 이상 감지, 소비자 감성 분석 등 다양한 분야에서 핵심 기술로 작동하고 있다.

첫째, 레시피 최적화 알고리즘은 소비자의 취향 데이터를 학습해 맥주 양조에 필요한 원재료 비율을 계산하고, 새로운 조합을 제안하는 역할을 한다. 영국의 인텔리전트X는 머신러닝 기반 알고리즘으로 고객의 피드백을 분석하고, 레시피 조정을 반복적으로 수행한다. 해당 시스템은 비지도 학습 기법으로 비정형 데이터에서도 패턴을 추출하며, 이를 기반으로 '쓴맛을 줄이고 바디감을 강조'하는 방식의 정교한 풍미 개선도 가능하다.

둘째, 발효 알고리즘은 시간 경과에 따른 온도, pH, 알코올 농도, 당 함량 변화 데이터를 실시간으로 수집하고 분석해 발효의 진행 상황을 모델링한다. 강화학습 알고리즘을 이용한 시스템은 발효 조건을 수천 번 시뮬레이션해 최적 조합을 찾아내고, 이 과정에서 도출된 파라미터는 양조 효율성과 품질 안정성 모두를 향상한다. 덴마크 칼스버그는 자체 AI 엔진으로 발효 시간이 최대 15% 단축되었으며, 효모 이상 검출 속도도 기존 대비 2배 빨라졌다.

셋째, 품질 관리 알고리즘은 공정 중 발생하는 문제를 사전에 예측하고 조치할 수 있도록 돕는다. 고장 진단, 이상 탐지, 품질 편차 감지 등은 CNN(합성곱 신경망), RNN(순환 신경망), GAN(적대적 생성 신경망) 등 다양한 딥러닝 기법으로 구현되며, AI는 이미지 분석 또는 센서 데이터로 실시간으로 맥주 색상, 탄산 수준, 거품 밀도 등을 평가한다. 일본의 한 대형 양조장은 AI로 이상 거품 형성을 예측해 연간 생산 손실을 8% 줄였다.

마지막으로 소비자 감성 분석 알고리즘도 중요하다. 소셜미디어, 상품 리뷰, 영상 콘텐츠 등의 감정 데이터를 NLP(자연어 처리)와 감성 인식 AI가 분석함으로써, 소비자가 실제로 어떤 경험을 했는지를 정량적으로 파악할 수 있다. 미국의 한 크래프트 브랜드는 유튜브 댓글 분석으로 제품 콘셉트 변경 시기를 예측했고, 이 예측을 반영해 시행한 리브랜딩 캠페인은 4주 만에 온라인 판매를 28% 증가시켰다.

이처럼 AI 알고리즘은 단순히 데이터를 계산하는 기계를 넘어, 맥주 산업의 전 과정에서 창의적 · 전략적 파트너로 진화하고 있다. 맥주의 맛과 향, 품질과 생산성, 고객 경험과 브랜드 정체성에 이르기까지 다양한 요소들이 AI 알고리즘을 중심으로 통합하고 있으며, 이는 비어테크 생태계의 기술적 토대를 제공하는 핵심이다.

스마트 센서, 로보틱스, 클라우드 플랫폼 통합

비어테크 생태계가 기능적으로 작동하기 위해 AI 알고리즘 외에도 이를 뒷받침하는 다양한 하드웨어 및 인프라 기술이 필요하다. 특히 스마트 센서, 로보틱스 기술, 그리고 클라우드 기반 플랫폼은 비어테크의 실제 구현을 가능케 하는 3대 축이라 할 수 있다. 이들은 데이터를 수집하고, 자동화된 공정을 제어하며, 분산된 정보를 통합하는 핵심 역할을 한다.

스마트 센서는 양조 공정의 '눈'이자 '신경' 역할을 한다. 온도, 압력, 수분, 알코올 농도, CO_2 수준, 유속 등 수십 가지 이상의 물리적 · 화학적 데이터를 초 단위로 감지하며, 이를 기반으로 AI가 실시간으로 판단을 내릴 수 있도록 정보를 제공한다. 독일의 한 프리미엄 맥주 제조

사는 스마트 센서로 발효 탱크 내부의 미세한 온도 편차까지 감지하고, 이를 자동으로 보정해 발효 일관성을 확보했다. 이 기술은 최종 제품의 품질 편차를 15% 이상 줄였다는 평가를 받았다.

로보틱스 기술은 생산 현장의 자동화 수준을 결정짓는 중요한 요소다. 과거에는 인간이 수행하던 병입, 라벨링, 적재 작업 등이 로봇 팔과 자동 컨베이어 시스템으로 대체되었으며, 최근에는 AI 기반의 머신 비전 기술과 결합되어 더욱 정밀한 작업 수행이 가능해졌다. 예를 들어 일본 아사히 그룹은 자동 라벨링 로봇에 AI 영상 인식 시스템을 탑재해, 병의 모양과 위치에 따라 라벨을 조정하는 기능을 구현했다. 이 시스템은 수작업 대비 속도는 3배 빠르며, 오차율은 0.1% 미만이다.

또한 스마트 바 분야에서 로봇 바텐더가 활약 중이다. 미국의 크리에이터바(Creator Bar)는 로봇이 맥주를 자동 서빙하고, 고객의 주문에 따라 최적 온도와 탄산 농도로 음료를 제공하는 시스템을 운영하고 있다. 로봇은 AI 음성 인식 기능으로 고객과 간단한 대화도 가능하며, 얼굴 인식 기술로 단골 고객을 인식하고 취향을 학습하기도 한다. 이러한 기술은 소비자 경험의 몰입도를 크게 높이며, 서비스 품질의 일관성을 보장한다.

이러한 센서와 로봇으로부터 수집된 방대한 데이터를 실시간으로 처리하고 저장하는 기반 기술이 바로 클라우드 플랫폼이다. 클라우드 플랫폼은 비어테크의 '두뇌'라 할 수 있으며, 분산된 양조장, 물류 센터, 소매점 등의 데이터를 하나로 통합해 관리할 수 있게 한다. 예를 들어 미국의 몰슨쿠어스(Molson Coors)는 구글 클라우드 기반의 분석 시스템을 도입해, 글로벌 28개 생산 시설의 품질 데이터를 통합 분석하고 있다. 이 시스템은 수율, 고장률, 소비자 불만 접수율 등을 한 눈에 파악할 수 있도록 대시보드화해, 실시간 대응이 가능하다.

클라우드는 또한 중소 양조장에게도 AI와 자동화 기술을 사용하는 환경을 제공한다. 과거에는 고가의 서버와 전산 인력을 갖추지 않으면 도입이 어려웠던 기술들이, 이제는 구독형 클라우드 서비스로 월 단위로 저렴하게 제공되고 있다. 마이크로소프트, AWS, IBM 등의 글로벌 클라우드 기업은 비어테크 전용 솔루션을 제공하며, 양조 관리, 재고 예측, 고객 분석 등의 기능을 포함한 플랫폼을 선보이고 있다.

클라우드 기반 통합 시스템은 사이버 보안 측면에서도 점차 고도화되고 있다. 맥주 산업에서 다루는 고객 데이터, 레시피, 생산 공정 등은 기업의 핵심 자산이므로,

이를 보호하기 위한 AI 기반 침입 탐지 시스템, 이상 징후 분석, 백업 복구 시스템 등이 함께 운용되고 있다. 특히 유럽의 GDPR과 같은 개인정보보호 규제 환경 하에서, 클라우드 상의 데이터 거버넌스가 비어테크의 신뢰성 확보에 핵심적이다.

결론적으로 스마트 센서, 로보틱스, 클라우드 플랫폼은 비어테크의 물리적 기반이자, AI가 효과적으로 작동하는 환경을 조성하는 핵심 인프라다. 이들의 정교한 통합은 생산성과 품질을 동시에 확보하며, 동시에 소비자 경험을 더욱 섬세하고 몰입적으로 만들어 준다. 이러한 기술은 비어테크의 현재를 가능케 하고, 미래를 설계하는 강력한 도구로 작동한다.

비어테크 핵심 소프트웨어

비어테크의 기반이 되는 하드웨어 인프라가 실시간 데이터를 수집하고 물리적 공정을 제어한다면, 그 위에서 작동하는 다양한 소프트웨어 도구는 맥주 산업의 전반적인 디지털 전환을 가능케 하는 핵심 매개체 역할을 한다. 이러한 도구들은 운영관리, 생산계획, 품질분석, 소비자 인터페이스 등 맥주 생태계의 거의 모든 영역을 포괄하고 있다.

첫 번째로 주목할 소프트웨어는 ERP(Enterprise Resource Planning) 시스템이다. 전통적인 ERP는 생산량, 재고, 구매, 회계 등 기업의 자원을 통합 관리해 주는 역할을 하지만, 비어테크 시대의 ERP는 한 걸음 더 나아가 AI와 연동된 스마트 의사결정 기능을 포함한다. 독일의 IT기업 SAP는 양조장 특화 ERP 모듈을 출시해, 발효 일정에 따라 원재료 주문을 자동화하고, AI 예측 모델과 연계해 유통량과 폐기율을 예측한다.

두 번째는 MES(Manufacturing Execution System)이다. MES는 생산 현장의 데이터를 실시간으로 수집하고 분석해, 양조 공정의 상태를 시각화하고 품질 관리를 수행하는 도구다. 특히 비어테크 환경은 센서와 로봇에서 수집된 데이터를 통합해 발효 상태, 병입 속도, 라벨링 오류율, 설비 이상 경고 등을 하나의 화면에서 모니터링할 수 있다. 일본 기업 산토리는 MES 시스템으로 품질 편차 발생 시 즉각적으로 라인 속도를 조절하거나 자동 점검 루틴을 실행하도록 설계했다.

세 번째는 CRM(Customer Relationship Management) 시스템이다. 비어테크는 소비자 맞춤형 경험을 핵심 가치로 삼기 때문에, 소비자 데이터를 효율적으로 관리하고 분석하는 CRM 시스템이 매우 중요하다. 현대적인

CRM은 단순한 고객 정보 저장소를 넘어, AI를 활용해 구매 패턴 분석, 고객 세분화, 자동 추천, 캠페인 성과 예측까지 수행한다.

또한 스마트 바 및 체험형 매장은 HMI(Human Machine Interface)와 모바일 앱도 중요한 소프트웨어 도구로 부각된다. 이러한 인터페이스는 소비자가 기기를 직접 조작하거나, 자신의 데이터를 실시간으로 피드백하는 채널이 되며, 브랜드 경험의 몰입감을 높인다.

데이터 분석 도구도 빠질 수 없다. BI(Business Intelligence) 플랫폼은 수천 건의 생산·판매 데이터를 직관적으로 시각화하고, 패턴 분석으로 중요한 의사결정을 지원한다. 파워BI(Power BI), 태블로(Tableau), 클릭(Qlik) 등은 다양한 양조장과 유통기업에서 사용되며, 생산 효율성과 소비 트렌드 예측에 기여한다.

소프트웨어 도구 간의 통합도 중요한 요소다. 비어테크 생태계는 ERP, MES, CRM, BI, IoT 플랫폼 등이 서로 연계되어야 전체적인 가치 사슬의 최적화가 가능하다. 이를 위해 API 기반 연동 시스템이 사용되며, 각 도구 간 데이터 흐름을 자동화하고 이질적인 시스템 간의 호환성을 높인다.

이러한 소프트웨어 도구들은 비어테크를 가능하게 하

는 디지털 생태계의 핵심 구성요소다. 단순히 데이터를 저장하거나 보여주는 수준을 넘어, 맥주 산업의 운영 효율성, 시장 대응력, 소비자 만족도를 동시에 제고하는 역할을 수행한다. 기술이 진화할수록 이러한 도구들은 더욱 정교해지고, 향후 AI와 결합된 자율 운영 시스템(Autonomous Brewery System)의 기반이 될 것이다.

결론적으로 비어테크의 성공은 하드웨어와 AI 기술만으로 이루어지는 것이 아니다. 이들을 연결하고 실제 업무에 적용되는 소프트웨어 도구들의 존재는, 기술 혁신을 현실로 만드는 가장 중요한 열쇠다.

참고문헌

HBS Digital Initiative(2017). IntelligentX: Changing the world one beer at a time.
https://d3.harvard.edu/platform-digit/submission/intelligentx-changing-the-world-one-beer-at-a-time

Microsoft(2018). Can AI help brewers predict how new beer varieties will taste? Carlsberg says probably.
https://news.microsoft.com/transform/can-ai-help-brewers-predict-how-new-beer-varieties-will-taste-carlsberg-says-probably

우지환

20년 동안 AI를 연구 중이다. KAIST 전기 및 전자공학과에서 컴퓨터 비전을 전공으로 학사 · 석사를, 경영대학원에서 MBA를, 고려대학교 기술경영전문대학원에서 공학박사 학위를 받았다. 다양한 산업에서 AI를 활용한 Digital Transformation을 연구 중이며, 삼성전자와 신한은행, 카카오뱅크에서 제조업과 금융 산업에 필요한 AI를 연구했고, 고려대학교와 KAIST 경영대학원의 겸임교수, 카네기멜론대학교 로봇연구소에서 방문연구원을 역임했다. 디지털소사이어티 정회원, 민간 R&D 협의체 AI 분과 전문위원으로 활동하고 있다. 주요 저서로는 『데이터 과학자의 일』(2021), 『AI 물류 혁명』(2025), 『명화 속 AI』(2025), 『애니메이션 속 AI』(2025), 『문학 속 AI』(2025)가 있고, 한국, 미국, 유럽, 일본, 중국 등에 45개의 등록 특허를 보유하고 있다. 15편 이상의 논문을 KCI 등재 학술지 및 SCIE 해외 학술지에 발표했다.